高等职业教育商务类专业精品课程系列规划教材及辅导用书

物流成本与绩效管理职业能力训练

◉ 主编 田 峰

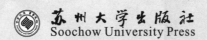

图书在版编目（CIP）数据

物流成本与绩效管理职业能力训练 / 田峰主编.
苏州：苏州大学出版社，2025.3（2025.5重印）. -- ISBN 978-7-5672-5172-4

Ⅰ. F253

中国国家版本馆 CIP 数据核字第 20256HS948 号

书　　名：物流成本与绩效管理职业能力训练
主　　编：田　峰
责任编辑：万才兰
装帧设计：刘　俊
出版发行：苏州大学出版社（Soochow University Press）
社　　址：苏州市十梓街 1 号　邮编：215006
印　　刷：镇江文苑制版印刷有限责任公司
邮购热线：0512-67480030
销售热线：0512-67481020
开　　本：787 mm×1 092 mm　1/16　印张：8.25　字数：181 千
版　　次：2025 年 3 月第 1 版
印　　次：2025 年 5 月第 2 次印刷
书　　号：ISBN 978-7-5672-5172-4
定　　价：32.00 元

图书若有印装错误，本社负责调换
苏州大学出版社营销部　电话：0512-67481020
苏州大学出版社网址　http://www.sudapress.com
苏州大学出版社邮箱　sdcbs@suda.edu.cn

PREFACE 前言

本书是商务类专业精品课程规划教材《物流成本与绩效管理》的配套辅导用书。

本书以国家标准《企业物流成本构成与计算》（GB/T 20523—2006）和相关法律法规为依据，结合课堂教学实践中确认的重点和难点，合理安排习题的深度和密度，同时兼顾知识体系的完整性和全面性。

在内容编排上，本书遵循循序渐进的教学原则，各项目均设置了学习指导和同步训练。同步训练涵盖填空题、单项选择题、多项选择题、判断题、计算题及案例分析题，有助于学生逐步理解物流成本与绩效的基本理论和基本方法。其中，计算分析题旨在考查学生运用课本知识进行思考的能力；案例分析题则着重考查学生结合较复杂的社会问题或融会贯通前后知识点进行分析的能力。

本书由田峰任主编，刘伟伟和罗正飞任副主编。

由于编者水平有限，书中难免存在不足之处，恳请广大读者批评指正。

2024 年 10 月

CONTENTS 目录

基础篇

项目一 物流成本管理概述 /001

学习指导 /001
同步训练 /002

项目二 物流成本核算 /008

学习指导 /008
同步训练 /009

项目三 物流成本预测与决策 /016

学习指导 /016
同步训练 /017

项目四 物流成本预算 /025

学习指导 /025
同步训练 /026

项目五 物流成本控制 /033

学习指导 /033
同步训练 /034

项目六 物流成本分析 /041

学习指导 /041
同步训练 /042

项目七 物流成本绩效评价 /049

学习指导 /049
同步训练 /050

专 题 篇

项目八 运输成本管理 /057

　　学习指导 /057
　　同步训练 /058

项目九 仓储成本管理 /065

　　学习指导 /065
　　同步训练 /066

项目十 包装成本管理 /071

　　学习指导 /071
　　同步训练 /072

项目十一 装卸搬运成本管理 /081

　　学习指导 /081
　　同步训练 /082

项目十二 配送成本管理 /089

　　学习指导 /089
　　同步训练 /090

参考答案/097

基 础 篇

项目一
物流成本管理概述

 学习指导

一、请画出本项目的知识思维导图

二、本项目涉及的主要专业术语/名词

1. 物流成本管理
2. 社会物流成本
3. 企业物流成本
4. "物流冰山"说

同步训练

一、填空题

1. 管理是人类共同活动的产物，管理活动具有_____。
2. 物流管理是在_____期间被提出的。
3. _____学说最初是由日本早稻田大学_____教授于1970年提出的，该学说是对物流潜力及效益的描述。
4. 物流系统的效益背反包括_____与_____的效益背反和物流各功能活动之间的效益背反。
5. 现代物流业本质上是_____，是现代经济分工和专业化高度发展的产物。

二、单项选择题

1. 物流成本管理的前提是（　　）。
   A. 市场机制　　　　　　B. 公平竞争
   C. 价格策略　　　　　　D. 物流成本计算
2. 独立的物流成本核算体系属于（　　）的物流成本核算。
   A. 统计方式　　　　　　B. 独立方式
   C. 会计方式　　　　　　D. 宏观方式
3. 物流系统是以（　　）为核心，按最低成本的要求，使整个物流系统化。
   A. 成本　　　　　　　　B. 费用
   C. 业务活动　　　　　　D. 过程管理
4. "第三利润源"说法主要出自（　　）。
   A. 日本　　　　　　　　B. 美国
   C. 德国　　　　　　　　D. 英国
5. "物流冰山说"是（　　）提出来的。
   A. 德鲁克　　　　　　　B. 西泽修
   C. 斯蒂格利茨　　　　　D. 朱清一
6. 《企业物流成本构成与计算》（GB/T 20523—2006）实施的时间是（　　）。
   A. 2006年　　　　　　　B. 2007年
   C. 2008年　　　　　　　D. 2009年
7. 物流成本计划数字化的工作被称为物流成本（　　）。
   A. 规划　　　　　　　　B. 决策
   C. 预测　　　　　　　　D. 预算

8. 物流系统中存在的制约关系也称（　　）。
   A. 一律背反原理　　　　　　　B. 二律背反原理
   C. 三律背反原理　　　　　　　D. 四律背反原理

9. 美国、日本等国家的实践表明，企业实际物流成本的支出往往要超过企业对外支付物流成本额的（　　）倍以上。
   A. 2　　　　B. 3　　　　C. 4　　　　D. 5

10. 第一个利润源的挖掘对象是生产力中的（　　）。
    A. 劳动对象　　　　　　　　B. 劳动者
    C. 劳动工具　　　　　　　　D. 劳动产品

三、多项选择题

1. 根据《物流术语》（GB/T 18354—2021），物流成本被定义为"物流活动中所消耗的物化劳动和活劳动的货币表现"，包括货物在运输、储存、包装、装卸搬运、流通加工、物流信息、物流管理等过程中所消耗的人力、物力和财力的总和，以及与存货相关的（　　）。
   A. 流动资金占用成本　　　　B. 存货风险成本
   C. 存货保险成本　　　　　　D. 管理费用

2. 根据《物流术语》（GB/T 18354—2021），物流成本管理是"对物流活动发生的相关费用进行的（　　）"。
   A. 计划　　　B. 协调　　　C. 控制　　　D. 核算
   E. 预测

3. "物流冰山说"表明（　　）。
   A. 人们对物流成本的总体内容并未掌握
   B. 物流成本的主体部分通常被隐含了
   C. 从企业财务统计中只能看到委托物流费用，这部分在整个物流费用中占很小一部分
   D. 物流费用中的大头是企业内部发生的物流费用
   E. 企业向外部支付的物流费用是很小的一部分，真正的大头是企业内部发生的物流费用

4. 物流成本管理的方法有（　　）。
   A. 比较分析法　　　　　　　B. 综合评价法
   C. 责任划分法　　　　　　　D. 排除法

5. 制约商品价格形成和变化的直接因素包括（　　）。
   A. 宏观经济环境　　　　　　B. 市场供求关系
   C. 商品生产成本变化　　　　D. 商品价格弹性

6. 我国的社会物流成本被划分为（　　）分别进行核算。

　　A. 运输费用　　　　　　　　　B. 装卸费用

　　C. 保管费用　　　　　　　　　D. 管理费用

7. 从原材料入库开始，经过出库、产品制造、产品进入成品库，直到产品从成品库出库为止的物流过程中所发生的物流费用，不包括（　　）。

　　A. 供应物流成本　　　　　　　B. 企业内物流成本

　　C. 销售物流成本　　　　　　　D. 回收物流成本

8. 自营物流成本中的特别经费不包括（　　）。

　　A. 材料费　　　　　　　　　　B. 折旧费

　　C. 办公费　　　　　　　　　　D. 存货资金占用费

9. 商务分流是指物品的商流（如采购）与其物流在（　　）上的不同步。

　　A. 时间　　　　　　　　　　　B. 空间

　　C. 规模　　　　　　　　　　　D. 意识

10. 以下属于显性成本的有（　　）。

　　A. 人工费　　　　　　　　　　B. 折旧费

　　C. 材料费　　　　　　　　　　D. 保险费

四、判断题（正确的画"√"，错误的画"×"）

1. 企业物流成本按照成本是否具有可控性，可以分为变动成本和固定成本。

（　　）

2. 企业物流成本按照物流成本的习性，可以分为可控成本和不可控成本。

（　　）

3. 物流成本管理的内容包括计算与核算、预测与决策。（　　）

4. "物流冰山说"表明人们对物流成本的总体内容并未掌握。（　　）

5. 成本是指企业在生产经营过程中所耗费的人力、物力和财力等资源的货币表现。

（　　）

6. 第二个利润源的挖掘对象是生产力中的劳动对象。（　　）

7. 生产企业包括生产企业、制造企业、装配企业和批发企业。（　　）

8. 变动成本在一定范围内，成本总额随业务量（如购进量、配送量）的增减变化而近似成反比例增减变化。（　　）

9. 物流成本按照其在会计核算中是否得到反映，分为显性物流成本和隐性物流成本。（　　）

10. 混合成本是全部成本中介于固定成本和变动成本之间，既随业务量变动又不成正比例的那部分成本。（　　）

五、计算题

1. 假设美国某年国内生产总值为 16 亿美元,物流成本中运输成本为 0.9 亿美元,存货持有成本为 0.4 亿美元,[美国的物流行政管理成本=(存款持有成本+运输成本)×4%]请计算美国该年度物流总成本占国内生产总值的百分比。

2. 表 1-1 为某企业 2024 年 9 月产量为 5 000 件时各类费用项目的明细,请分别计算其固定成本、变动成本合计数。

表 1-1 某企业费用项目明细表

账户	成本/元
原材料费	12 000
直接人工费	6 800
燃料和动力费	2 400
维修费	1 200
间接人工费	2 500
折旧费	5 000
行政管理费	1 200
合计	31 100

3. 某物流企业在计划期需要采购 B 物资 600 吨，甲、乙两个供应商供应的物资质量均符合企业要求，信誉也比较好。距企业比较近的甲供应商的报价为 310 元/吨，运费为 7 元/吨，订购费用为 150 元；距企业比较远的乙供应商的报价为 340 元/吨，运费为 7.5 元/吨，订购费用为 250 元。请思考应如何选择该物资采购的供应商。

六、案例分析题

案例一　沃尔玛的配送

沃尔玛是全美零售业务销售收入排名第一的零售企业，截至 2023 年年底，沃尔玛已经在美国本土建立了 70 个有高科技支持的配送中心，并有自己的送货车队和仓库，可以同时供应 700 家商店，向每家商店送货的频率通常为每天 1 次，配送中心每周作业量达 120 万箱，每个月自理的货物金额达 5 000 万美元。在配送作业时，大宗商品通常通过铁路运达配送中心，再由公司卡车运至商店。每个门店每周收到 1—3 卡车的货物，60% 的卡车在返回配送中心的途中又捎带从供应商处采购的货物。沃尔玛的配送中心实现全部配送作业自动化，是当今公认最先进的配送中心，实现了高效率、低成本的目标。

根据以上材料分析：

1. 沃尔玛为什么能实现高效率、低成本的目标？

2. 我们从中能够得到哪些启示？

案例二　布鲁克林酿酒厂的经营之道

布鲁克林酿酒厂于1987年11月将它的第一箱布鲁克林拉格啤酒运到日本，并在之后的几个月内选用了各种航运承运人。最后，日本金刚砂航运公司被选为布鲁克林酿酒厂唯一的航运承运人。金刚砂航运公司之所以被选中，是因为它向布鲁克林酿酒厂提供了增值服务。金刚砂航运公司在其国际机场的终点站交付啤酒，并在飞往东京的商业航班上安排运输，办理好清关手续。这些服务有利于保证产品符合保鲜要求。

布鲁克林酿酒厂的啤酒之所以能达到新鲜的要求，是因为布鲁克林酿酒厂对物流时间与价格进行了控制。通过这种控制，可以在啤酒酿造后的1周内将啤酒从酿酒厂直接运送到顾客手中。新鲜啤酒因此能以超过一般的价值定价，高于海运啤酒价格的5倍。虽然布鲁克林拉格啤酒在美国是一种平价啤酒，但在日本，它是一种溢价产品，给商家带来了极高的利润。

布鲁克林酿酒厂改变包装，通过装运小桶装啤酒而不是瓶装啤酒来降低运输成本。虽然小桶的重量与瓶子的重量相等，但此举减少了玻璃瓶破碎而使啤酒损毁的风险。此外，小桶装啤酒对保护性包装的要求也比较低，这将进一步降低装运成本。

根据以上材料分析：

1. 布鲁克林酿酒厂对啤酒的销售进行了哪些方面的成本控制？

2. 我们从中能得到哪些启示？

项目二

物流成本核算

 学习指导

一、请画出本项目的知识思维导图

二、本项目涉及的主要专业术语/名词

1. 物流成本核算对象
2. 显性物流成本
3. 隐性物流成本
4. 作业成本法

同步训练

一、填空题

1. _____原则要求各个会计期间所用的会计方法和程序应当相同，一般不得随意变更。

2. 从物流成本的核算过程来看，物流成本的核算实际上就是物流成本的_____过程。

3. _____是指在不影响当前财务会计核算流程的前提下，通过在相应的成本费用账户下设置物流成本二级账户（或辅助账户），进行独立的物流成本二级核算统计。

4. 作业成本法的精髓在于"_____"。

5. _____是将作业成本库的成本分配到成本对象中去的标准，它反映了成本对象对作业消耗的逻辑关系。

二、单项选择题

1. 物流活动中所消耗的物化劳动和活劳动的货币表现是（　　）。
   A. 物流服务　　　　　　　　B. 物流成本
   C. 物流质量　　　　　　　　D. 物流标准

2. 在物流成本核算账户设置中，下列说法正确的是（　　）。
   A. 运输成本作为一级账户　　B. 物流成本作为二级账户
   C. 仓储成本作为三级账户　　D. 材料费用作为四级账户

3. （　　）不是社会物流成本的构成部分。
   A. 运输成本　　　　　　　　B. 存货持有成本
   C. 人力成本　　　　　　　　D. 物流行政管理成本

4. 按照人们进行物流成本管理和控制的不同角度，可以将物流成本分成除（　　）外的三个方面。
   A. 社会物流成本　　　　　　B. 物流企业的物流成本
   C. 行业物流成本　　　　　　D. 货主企业的物流成本

5. （　　）是指与某一特定的成本对象存在直接关系，为某一特定的成本对象所耗费的成本，故可以直接计入该成本对象的成本中。
   A. 运输成本　　　　　　　　B. 管理费用
   C. 直接成本　　　　　　　　D. 间接成本

6. 采用科学方法对发生的各种物流成本进行计算、归集,指的是物流成本管理中的( )。

  A. 核算   B. 预算

  C. 决策   D. 控制

7. 计算显性物流成本必须依赖于现行会计核算体系,完整准确的会计核算资料是物流成本计算的基础。在实践中,计算显性物流成本应从( )入手。

  A. 原始凭证

  B. 企业物流成本主表

  C. 企业自营物流成本支付形态表

  D. 会计科目

8. 实践中通常采用( )来核算物流成本。

  A. 会计方法   B. 统计方法

  C. 会计与统计相结合的方法   D. 建立独立的物流成本核算体系的方法

9. 复式记账法对发生的经济业务都以相等的金额登记在( )中。

  A. 一个账户   B. 两个账户

  C. 两个或两个以上的账户   D. 相关账户

10. 物流作业成本法是( )的更准确的分配方法。

  A. 直接费用   B. 间接费用

  C. 原材料费   D. 燃料费

三、多项选择题

1. 按照物流成本表的填写要求,生产企业一般应按( )范围阶段逐一进行填列。

  A. 供应物流   B. 企业内物流

  C. 销售物流   D. 回收物流

  E. 废弃物流

2. 在物流成本核算中,其他物流成本计算对象包括( )。

  A. 客户   B. 产品

  C. 部门   D. 营业网点

  E. 服务项目

3. 物流成本核算步骤包括( )。

  A. 设置物流成本辅助账户   B. 分析确认物流成本内容

  C. 归集物流成本   D. 汇总计算物流成本

  E. 减少物资毁损

4. 下列关于会计账户和会计科目的说法，正确的是（　　）。

   A. 会计科目是开设账户的依据，账户的名称就是会计科目

   B. 二者都是对会计对象具体内容的科学分类，口径一致，性质相同

   C. 没有账户，会计科目就无法发挥作用

   D. 会计科目不存在结构，账户则具有一定的格式和结构

5. 作业成本法不适用于（　　）。

   A. 间接费用在成本结构中的占比大的企业

   B. 间接费用在成本结构中的占比小的企业

   C. 直接费用在成本结构中的占比大的企业

   D. 直接费用在成本结构中的占比小的企业

6. 对于各项物流成本费用的发生，需要从（　　）三个方面来进行合理划分，这就形成了物流成本核算对象的三个基本构成要素。

   A. 发生期间　　　　　　　B. 发生地点

   C. 承担实体　　　　　　　D. 发生目的

7. 根据对物流成本核算对象三个基本构成要素的分析，结合企业物流成本管理的基本要求，企业物流成本核算对象分为（　　）。

   A. 职能别　　　　　　　　B. 形态别

   C. 功能别　　　　　　　　D. 范围别

8. 影响物流成本的因素有（　　）。

   A. 竞争性因素　　　　　　B. 产品因素

   C. 环境因素　　　　　　　D. 管理因素

9. 为正确计算物流成本，除必须遵循会计核算的基本原则外，还必须正确划分（　　）。

   A. 应计入物流成本和不应计入物流成本的费用界限

   B. 不同成本对象的费用界限

   C. 资本性支出和收益性支出的费用界限

   D. 本期物流成本、前期物流成本、后期物流成本的费用界限

10. 在成本核算会计科目中，财务费用科目核算的部分包括（　　）。

    A. 利息支出

    B. 汇兑损失

    C. 购建固定资产的专门借款费用

    D. 汇兑收益

四、判断题（正确的画"√"，错误的画"×"）

1. 作业成本法以产量为单位收集成本。　　　　　　　　　　　　　　（　　）

2. 成本动因是将作业成本库的成本分配到成本对象中去的标准。（   ）

3. 资源动因是资源被各项作业消耗的方式和原因。（   ）

4. 单轨制也被称为独立的物流成本核算体系，要求把物流成本核算与财务会计核算截然分开，单独建立起物流成本的凭证、账户和报表的完整体系。（   ）

5. 统计方法的物流成本核算要求设置凭证、账户和报表的完整体系。（   ）

6. 隐性成本是在企业现行成本核算体系中有反映并且应计入物流成本的费用。

（   ）

7. 物流成本核算的目的是更好地进行物流成本的管理。（   ）

8. 作业成本法反映了资源的消耗与成本的产生之间的因果关系，能抽象地体现成本形成的过程。（   ）

9. 成本动因和消耗资源之间相关程度越高，现有的成本被歪曲的可能性就越大。

（   ）

10. 作业成本法以作业为中心，区分不同质的费用并采用不同的动因进行分配，能准确地将成本追溯到各种产品。（   ）

五、计算题

1. 某企业生产 A 产品 1 550 件，直接人工标准工时为每件 4 小时，每小时标准工资率为 0.8 元，实际耗用的工时为 6 000 小时，实际工资率为 0.7 元。

请根据上述资料计算直接人工成本差异、直接人工效率差异和直接人工工资率差异。

2. 某工业企业的基本生产车间生产 A、B、C 三种产品，其工时定额为：A 产品 15 分钟，B 产品 18 分钟，C 产品 12 分钟；本月产量为：A 产品 14 000 件，B 产品 10 000 件，C 产品 13 500 件。本月该企业工资总额为：基本生产车间工人计时工资 23 000 元，管理人员工资 1 500 元；辅助车间（锅炉）工人工资 2 800 元，管理人员工资 1 200 元；企业管理人员工资 2 600 元；生活福利部门人员工资 820 元。

要求：

（1）按定额工时比例将基本生产车间工人工资在 A、B、C 三种产品间进行分配；

（2）编制工资费用分配的会计分录；

（3）按工资总额的 14% 计提职工福利费。

注：辅助车间的制造费用不通过"制造费用"科目核算；应分录列示到明细科目及成本项目。

3. 海湖公司生产甲产品使用的一种主要零部件 A 的采购价格上涨到每件 9.7 元，这种零部件每年需要 10 000 件。由于公司有多余的生产能力且无其他用途，只需再租用一台设备即可制造这种零部件，设备的年租金为 45 000 元。管理人员对零部件自制或外购进行了决策分析。

根据传统成本计算法提供的信息，这种零部件的预计制造成本如表 2-1 所示。

表 2-1　预计制造成本（传统成本计算法）

项目	单位零部件成本/元	成本总额
直接材料费用	0.7	
直接人工费用	2.6	
变动制造费用	2.5	

经过作业成本计算，管理人员发现有一部分共耗固定成本可以归属到这种零部件，其预计制造成本如表 2-2 所示。

表 2-2　预计制造成本（作业成本计算法）

项目	成本动因	单位作业成本/元	作业量
装配	机器小时/时	26.23	800
材料采购	订单数量/张	10.00	600
物料处理	材料移动/次	70.00	120
启动准备	准备次数/次	0.20	200
质量控制	检验小时/时	22.15	100
产品包装	包装次数/次	24.00	20

要求：分别采用传统成本计算法和作业成本计算法对零部件自制和外购的成本进行分析并做出决策。

六、案例分析题

近年来，随着我国零售业的发展，商业连锁店大批涌现，而为这些连锁店提供商品配送的服务也随之出现，并逐步走向成熟，连锁店也因此成为我国目前利用物流服务较成功的领域。

美佳超市在超市连锁店的商品配送方面进行了有益的尝试，该公司以配送中心为支撑，经营规模获得高速发展。具体来说，它以连锁制为轴心，以分布面广的门店网络为市场依托，以中央采购制及配送中心来开发销售利润和物流利润，以直接的市场信息向加工制造业渗透，以发展公司自己的定牌商品来开发生产利润。该公司连锁店目前已遍布整个上海和苏、浙、皖地区。该公司在其建设的配送中心的有力支持下，经营效益和效率逐渐显现。从该公司运作物流的特点来看，属于商业销售企业自己拥有物流资产（仓库、场地、车辆等），为自身的生产活动提供全方位的物流服务。由于该公司的业务量在不断扩展之中，配送中心在此基础上开展物流相关服务，有较为可靠的物流服务量作保证，加之本系统内便于订货、分拨、仓储等，其物流效率和效益有较好的保障。

在实践中，该公司意识到，通过物流成本计算，可进行物流经济活动的分析，发现并找出公司在管理中存在的问题。

该公司2023年的销售额为42亿元，纯利润为5 000万元，利润率为1.19%。表2-3是该公司配送中心2023年的主要物流费用分析表。

表2-3 美佳超市配送中心物流费用分析表

项目	金额/万元	占比/%
房租费用	365.00	27.54
运输费用	242.20	18.27
人工费用	557.20	42.04
办公费用	80.00	6.04
杂费	81.00	6.11
合　计	1 325.40	100.00

结合以上案例分析：

美佳超市若想降低物流费用，应从哪些方面去努力？

物流成本预测与决策

 学习指导

一、请画出本项目的知识思维导图

二、本项目涉及的主要专业术语/名词

1. 物流成本预测
2. 指数平滑法
3. 物流成本决策
4. 差量分析法
5. 量本利分析法

同步训练

一、填空题

1. _____ 是确定目标成本和选择达到目标成本的最佳途径的重要手段。

2. _____ 是一项综合性指标,涉及企业的生产技术、生产组织、经营管理等各个方面。

3. 指数平滑法包括_____、_____、_____。

4. 决策是_____的基础,是_____的核心,是各级、各类主管人员的首要工作。决策能明确目标,是_____的前提,让组织成员明白工作的方向和要求。

5. 头脑风暴法的创始人是英国心理学家_____。

二、单项选择题

1. 下列关于预测的叙述,不正确的是( )。
   A. 预测是预算的前提和基础
   B. 预测要建立在科学的预算上
   C. 预测是物流成本管理的关键
   D. 预测是做好作业管理的重要手段

2. ( )是指根据有关物流成本数据和企业具体的发展情况,运用一定的技术方法,对未来的成本水平及其变动趋势做出科学的估计。
   A. 核算   B. 预算   C. 决策   D. 预测

3. ( )是指用历史统计资料,运用一定的数学模型,通过计算与分析来确定物流成本的未来发展及数量方面的变动趋势的预测方法。
   A. 定性预测法   B. 定量预测法
   C. 综合判断法   D. 专家调查法

4. 单独发生时会使保本点下降的情况是( )。
   A. 营业税上升   B. 变动成本上升
   C. 固定成本上升   D. 单价上升

5. 单独发生时会使安全边际上升的情况是( )。
   A. 单价上升   B. 变动成本上升
   C. 固定成本上升   D. 营业量下降

6. 以下会降低利润水平的情况是( )。
   A. 营业量上升   B. 单价上升
   C. 固定成本下降   D. 单位变动成本上升

7. 在物流成本预测的基础上，结合其他有关资料，运用一定的科学方法，从若干个方案中选择一个满意的方案的过程，指的是物流成本管理中的（　　）。

  A. 核算   B. 预算

  C. 决策   D. 预测

8. （　　）是根据产量、成本、利润三者之间的关系进行盈亏分析的一种数学方法。

  A. 量本利分析法   B. 加权平均法

  C. 差量分析法   D. 最低总成本法

9. 指数平滑法属于（　　）。

  A. 时间序列分析   B. 因果联系

  C. 一元回归分析   D. 二元回归分析

10. 目的在于创造一种畅所欲言、自由思考的氛围，诱发创造性思维的共振和连锁反应、产生更多的创造性思维的集体决策方法是（　　）。

  A. 头脑风暴法   B. 名义小组技术

  C. 德尔菲法   D. 政策指导矩阵

三、多项选择题

1. 物流成本预测的程序包括（　　）。

  A. 确定预测目标

  B. 收集和分析有关资料

  C. 提出预测模型，选定预测方法

  D. 进行预测

  E. 分析预测结果

2. 进行物流成本决策的方法有（　　）。

  A. 量本利分析法

  B. 加权平均法

  C. 功能成本分析法（价值工程分析法）

  D. 最低总成本法

  E. 差量分析法

3. 量本利分析包括（　　）。

  A. 边际贡献率分析

  B. 盈亏平衡分析

  C. 盈利条件下的量本利分析

  D. 营业利润分析

  E. 一定业务量情况下的企业利润分析

4. 减少装卸作业次数带来的影响包括（　　）。

　　A. 装卸费用增加

　　B. 装卸作业量增加

　　C. 货损货差减少

　　D. 劳动消耗减少

　　E. 不影响仓储周转速度

5. 缩短搬运距离可以达到（　　）的效果。

　　A. 节省劳动消耗

　　B. 缩短搬运时间

　　C. 减少搬运中的损耗

　　D. 加快仓储周转速度

　　E. 减少货损货差

6. 下列方法中，（　　）不是按时间顺序（如年、季、月）加以排列，构成数列，从而寻求规律，用来推测同样条件下、统一问题的未来发展状况的。

　　A. 高低点法　　　　　　　　B. 时间序列分析法

　　C. 回归分析法　　　　　　　D. 因果（相关）分析法

7. 属于定量分析法的物流成本预测方法包括（　　）。

　　A. 趋势平均法

　　B. 直观法

　　C. 一元线性回归预测法

　　D. 指数平滑法

8. 决策理论可分为（　　）。

　　A. 传统决策理论　　　　　　B. 现代决策理论

　　C. 理性人理论　　　　　　　D. 最优化原则理论

9. 头脑风暴法的实施原则包括（　　）。

　　A. 追求少而精　　　　　　　B. 自由畅谈

　　C. 庭外判决　　　　　　　　D. 不断完善

10. 下列方法中，（　　）不是根据经济现象之间的相互关系来进行预测的一种方法。

　　A. 高低点法　　　　　　　　B. 时间序列分析法

　　C. 回归分析法　　　　　　　D. 因果（相关）分析法

四、判断题（正确的画"√"，错误的画"×"）

1. 预测是根据已知推测未来，根据过去的状况预测现在的趋势，是对当前不确定的事件预先提出的看法和判断。　　　　　　　　　　　　　　　　（　　）

2. 物流成本预测目标取决于企业对于未来的生产经营活动所欲达成的总目标。
（　　）

3. 分析评价就是对预测结果的准确性和可靠性进行验证。（　　）

4. 以会计资料为基础的分析计算法，属于定量预测法。（　　）

5. 回归分析法是在掌握大量观察数据的基础上，利用数理统计方法建立因变量与自变量之间的回归关系函数表达式（也称回归方程式）。（　　）

6. 物流成本决策本身并不是目的，它是为物流成本预测服务的。（　　）

7. 物流成本决策的目标就是要求企业在所从事的生产经营活动中使资金耗费达到最少，使所取得的经济效益达到最大，这也是物流成本决策的总体目标。（　　）

8. 定性分析只是一种直观判断和逻辑推理，因此定性分析法没有固定的模式。
（　　）

9. 互动小组法不是一种群体决策形式。（　　）

10. 一般来说，选定价值工程的对象要考虑社会生产经营的需要及对象价值本身被提高的潜力。（　　）

五、计算题

1. 某海航物流企业 2024 年 1 月—5 月的物料使用量如表 3-1 所示。

表 3-1　某海航物流企业 2024 年 1 月—5 月的物料使用量

月份	1	2	3	4	5
物料使用量/吨	60	65	70	64	70

请用加权平均法预测 6 月的需求量。假设三期权数分别为 0.50、0.25、0.25。

2. 淮海电力企业 2024 年发电 16 万千瓦时，消耗煤炭 1 万吨，为适应市场需求，计划 2025 年提高产量至 20 万千瓦时，并进行技术革新使煤炭需用量降低 2%。请计算 2025 年煤炭需用量。

3. 假设某商场健身动感单车在 2024 年 1 月—12 月的销售量如表 3-2 所示。

表 3-2　2024 年 1 月—12 月健身动感单车销售情况

时间	t-时序	实际销售量/辆
2024 年 1 月	1	53
2024 年 2 月	2	46
2024 年 3 月	3	28
2024 年 4 月	4	35
2024 年 5 月	5	48
2024 年 6 月	6	50
2024 年 7 月	7	38
2024 年 8 月	8	34
2024 年 9 月	9	58
2024 年 10 月	10	64
2024 年 11 月	11	45
2024 年 12 月	12	42

请用简单移动平均法预测 2025 年第 1、2、3 月该商场健身动感单车的销售量及 2025 年第一季度的销售量。

4. 海荣公司本季度销售额预测值为 6 000 万元，实际销售额为 6 500 万元。假定 $\alpha=0.1$，请用指数平滑法计算该公司下一季度的销售额预测值。

5. 海辰物流公司根据历史数据分析，确定单位变动成本为 150 元/千吨公里，固定成本总额为 20 万元，营业税率为 3%，单位运价为 200 元/千吨公里。

（1）请计算该公司本期为实现 15 万元利润需要完成的运输周转量；

（2）假设该公司预算期只能实现 7 500 千吨公里的运输周转量，请计算该公司为实现 15 万元利润必须采取措施降低多少变动成本。

6. 假设某物流企业物流包装作业 2024 年各月实际发生的人工小时和物流包装成本如表 3-3 所示。

表 3-3　某物流企业 2024 年包装作业数据资料汇总表

月份	人工小时/时	物流包装成本/元
1	490	376
2	470	357
3	390	340
4	430	335
5	370	315
6	495	360
7	410	346
8	405	358
9	420	361
10	450	333
11	385	357
12	505	369

请采用回归分析法预测该企业 2025 年第一季度的物流包装成本。

六、案例分析题

甲公司的强核心竞争力与高效率的来源一直是适时制生产方式。自从引进此种生产方式后，甲公司一直处于世界汽车制造业的领先地位。甲公司为充分发挥适时制的作用特意创造了两个条件：一是使零部件供应商及其装配厂尽可能靠近销售市场，这样直接降低了产品的运输成本和时间成本，也避免了因库存时间太长而增加存储成本；二是产品规格变化小，不易出现缺货现象，不会因缺货而出现信誉问题，而且保证货物间隔进货，有利于采用适时制的生产流水线。

根据以上案例分析：

1. 甲公司确定库存量的影响因素有哪些？

2. 为确保物流总成本最低，甲公司可以从哪些方面进行分析并核算？

3. 甲公司需要有一定的零部件储备吗？如何核算确定最佳保险储备？

项目四 物流成本预算

 学习指导

一、请画出本项目的知识思维导图

二、本项目涉及的主要专业术语/名词

1. 物流成本预算
2. 弹性预算
3. 增量预算
4. 零基预算
5. 滚动预算

同步训练

一、填空题

1. 物流成本预算是指以_____反映的企业在未来一定时期内的物流成本水平。
2. 固定预算是指根据预算期内正常的、可实现的某一业务量水平（产量、运输量、销售量等）编制的物流成本预算，一般适用于_____比较稳定的_____项目。
3. 零基预算是为克服_____的缺点而设计的。
4. _____是指在编制物流成本预算时，以某个特定的会计年度为预算期的一种预算编制方法。
5. 滚动预算不受会计年度的限制，其预算期不是固定不变的，而是连续不断的，因此又称_____。

二、单项选择题

1. （　　）是相对于增量预算而言，以零为基础编制预算和计划的方法。
   A. 弹性预算　　　　　　　　　B. 零基预算
   C. 归纳预算　　　　　　　　　D. 滚动预算

2. （　　）是指企业在不能准确预测业务量的情况下，根据本、量、利之间有规律的数量关系，按照一系列业务量水平编制的有伸缩性的预算。
   A. 弹性预算　　　　　　　　　B. 零基预算
   C. 归纳预算　　　　　　　　　D. 滚动预算

3. （　　）又称连续预算或永续预算，是指预算期为一年，每过去一个月（季、年）就在期末增加一个月（季、年）的预算。
   A. 弹性预算　　　　　　　　　B. 零基预算
   C. 归纳预算　　　　　　　　　D. 滚动预算

4. （　　）指所有以货币形式及其他数量形式反映的有关企业未来一定期间内全部物流活动的行动计划与相应措施的数量说明。
   A. 物流成本预测　　　　　　　B. 物流成本决策
   C. 物流成本核算　　　　　　　D. 物流成本预算

5. 下列可以列入物流固定成本的项目是（　　）。
   A. 业务人工工资　　　　　　　B. 运输费
   C. 设施设备折旧费　　　　　　D. 保管费

6. 租赁经营人的收益主要来自（　　）。
   A. 租金　　　　　　　　　　B. 仓储费
   C. 租金和仓储费　　　　　　D. 货物价值
7. 华夏仓储企业2024年的年平均库存量为100吨，而在2024年储存物质共丢失0.5吨，损坏2.5吨，变质3吨，其仓储物品完好率是（　　）。
   A. 80%　　　　　　　　　　 B. 94%
   C. 93%　　　　　　　　　　 D. 95%
8. 狭义的采购成本项目不包括（　　）。
   A. 订购业务费用
   B. 缺料成本
   C. 取得商品和物料的费用
   D. 产品开发过程中的费用
9. 零基预算克服了增量预算的缺陷，以下不属于零基预算的优点的是（　　）。
   A. 有利于增强员工的成本控制意识
   B. 有利于提高预算管理水平
   C. 有利于提高资金使用率
   D. 对物流活动及物流费用的评级具有不同程度的主观性影响
10. 滚动预算法是动态的和灵活的，其主要特点是（　　）。
    A. 按前期计划执行情况和内外环境变化，定期修订已有的预算
    B. 按近细远粗的原则来制定
    C. 不断逐期向前推移，使短期、中期预算有机结合起来
    D. 以上三项都是

三、多项选择题

1. 编制物流成本预算的方法有（　　）。
   A. 弹性预算　　　　　　　　B. 零基预算
   C. 归纳预算　　　　　　　　D. 滚动预算
   E. 流动预算
2. 物流成本的弹性预算的表达方法通常有（　　）。
   A. 图形法　　　　　　　　　B. 公式法
   C. 曲线法　　　　　　　　　D. 列表法
   E. 滚动法
3. 物流成本弹性预算的编制步骤包括（　　）。
   A. 收集和整理有关资料
   B. 分析上年度物流成本预算执行情况

C. 测算相关因素变动对实现物流成本目标的影响

D. 编制正式的物流成本预算

E. 选取业务量计量单位

4. 物流成本弹性预算系统包括（　　）。

　　A. 预算编制　　　　　　　　B. 预算执行

　　C. 预算调整　　　　　　　　D. 预算评估

　　E. 预算决策

5. 采购预算编制的影响因素包括（　　）。

　　A. 物料标准成本设定　　　　B. 生产效率

　　C. 预期价格　　　　　　　　D. 商品质量

6. 编制物流成本预算的作用包括（　　）。

　　A. 进行边际贡献率分析

　　B. 预测未来成本

　　C. 确定成本目标

　　D. 进行业绩评价与成本控制

　　E. 进行量本利计算

7. 企业在制定物流成本预算前，要先确定企业经营的总体目标，该目标由（　　）制定。

　　A. 预算委员会　　　　　　　B. 财务部分

　　C. 最高管理部门　　　　　　D. 物流部门

8. 物流成本预算是物流成本计划的（　　）反映，明确建立和显示物流系统所要实现的（　　）成本目标。

　　A. 定量　　　　　　　　　　B. 变量

　　C. 近期　　　　　　　　　　D. 远期

9. 物流成本预算的作用包括（　　）。

　　A. 使计划目标更明确、更具体

　　B. 协调企业的物流活动

　　C. 作为控制日常物流活动的标准

　　D. 作为评价物流工作业绩的依据

10. 零基预算的优点包括（　　）。

　　A. 不受历史资料限制　　　　B. 工作量很大

　　C. 不受现行预算的限制　　　D. 组织困难

四、判断题（正确的画"√"，错误的画"×"）

1. 物流成本预算的目的在于挖掘企业内部潜力，降低物流成本耗费，确保企业

物流成本目标的完成。它包括一般职能和特殊职能两项职能,是成本管理的重要环节之一。（　　）

2. 编制弹性预算时,应选取具有代表性的业务量计量单位,并确定业务量的变动范围和间隔范围。（　　）

3. 通常只用公式法来表示弹性预算。（　　）

4. 零基预算主张无须在预算内容上做较大改进,沿袭以往的物流成本预算项目即可。（　　）

5. 弹性预算的前提是成本可划分为固定成本和变动成本。（　　）

6. 预算是用数字表示预期结果的一种计划。（　　）

7. 物流成本预算作为物流系统成本计划的金额反映,是控制物流活动的重要依据和考核物流部门的绩效标准。（　　）

8. 企业物流运作模式分为自营与外包两种,物流成本预算的编制方式可以相同。（　　）

9. 企业须组织各业务部门按总目标要求编制本部门预算草案。（　　）

10. 零基预算不考虑过去的预算项目和收支水平,以零为基点编制预算,对预算期内各项物流成本支出的合理性、必要性及预算数额的大小进行逐项审议决策,确定支出水平。（　　）

五、计算题

1. 某配送中心某种产品的流通加工单价为 60 元,2024 年的成本资料如下:① 制造成本,原材料 20 元/件,人工 8 元/件;② 间接成本,固定成本 70 000 元/年,变动成本 6 元/件;③ 配售成本,固定成本 30 000 元/年,变动成本 6 元/件。

（1）若该企业 2025 年的利润目标为 60 000 元,则其流通加工量必须达到多少?

（2）若该企业的最大流通加工量为 7 000 件/年,则其利润最大为多少?

2. 某运输企业的平均服务利润率为 16%，运输作业的市场价格为 1 元/吨公里，预计运输作业的作业量为 600 万吨公里，请计算该企业的目标利润、目标总成本和目标单位成本。

3. 某物流公司在编制费用预算时，初步预计各项费用为：办公费 3 000 元，租金 5 000 元，财产税 6 000 元，广告费 9 000 元，差旅费 3 000 元，培训费 6 000 元，研发费 5 500 元。办公费、租金和财产税是不可避免的支出，其余四项费用可以有所增减。预计计划期内可用于这些费用支出的资金为 25 000 元。成本—效益分析结果为：广告费 1∶9；培训费 1∶5，差旅费 1∶4；研发费 1∶3。请对该公司的预算资金进行分配，并进行比较。

4. 某配送中心夏季经销一种易腐食品,每箱进货成本为 100 元,售价为 150 元,若当天卖不出去,则第二天降价处理每箱只能卖 50 元,试根据上一年同期销售资料(表 4-1)为该中心的进货批量做出决策。

表 4-1　某配送中心夏季某易腐食品上一年销售情况表

项目	数量		
日销量/箱	40	50	60
完成销售天数/天	30	50	20

(1) 求日销 40 箱、50 箱、60 箱的概率;
(2) 编制日销 40 箱、50 箱、60 箱的收益表;
(3) 求日销售量近 40 箱、50 箱、60 箱的期望收益;
(4) 为该配送中心的进货批量做出决策。

六、案例分析题

某运输企业在每年年底前都会组织相关部门和人员编制下一年度的成本预算,决定先编制 2025 年的运输成本预算,由运输车队负责,年终进行考核。根据多年的分析和 2024 年各项运输成本的数据,确定各项变动运输的单位变动成本:燃料费用为 0.8 元/吨公里,维修费用为 0.5 元/吨公里,轮胎费用为 0.6 元/吨公里,其他费用为 0.45 元/吨公里。另外,根据 2024 年的实际情况,并考虑预算期的变化因素,确定预算期支付的各项固定运输成本数额如下:运输设备折旧费用为 5.5 万元,交通管理费用为 3.2 万元,其他固定成本为 3.3 万元。经业务部门预测,2025 年企业可能完成的商品运输任务为 250 万吨公里。

根据上述资料,财务部门编制了 2025 年度企业自营运输成本预算表(表 4-2)。于是,确定运输车队 2025 年度的运输成本预算总额为 599.5 万元,并以此金额对车队进行考核。预算编制完成后,交到企业总经理手中。

表 4-2　某运输企业 2025 年度自营运输成本预算表

项目		单位变动成本/ (元/吨公里)	计划运输量/ 万吨公里	费用预算/ 万元
变动运输费用	燃料费用	0.80	250.00	200.00
	维修费用	0.50	250.00	125.00
	轮胎费用	0.60	250.00	150.00
	其他费用	0.45	250.00	112.50
	小计	2.35	—	587.50
固定运输费用	折旧费用	—	—	5.50
	管理费用	—	—	3.20
	其他费用	—	—	3.30
	小计	—	—	12.00
合计		—	—	599.50

总经理认为，2025 年度的业务量预测为 250 万吨公里存在很大的不确定性，如果运输车队的实际完成业务量高于或者低于该业务量，不知是否均可以按照 599.5 万元的预算成本对车队进行考核。总经理认为，这张预算表没有考虑到预算费用的范围，2025 年度运输车队的实际完成业务量可能高于或者低于 250 万吨公里，范围在 210 万—290 万吨公里。

请依据案例中的运输成本数据编制一份运输成本弹性预算报告。

项目五 物流成本控制

学习指导

一、请画出本项目的知识思维导图

二、本项目涉及的主要专业术语/名词

1. 物流成本控制
2. 目标成本控制法
3. 标准成本控制法
4. 责任成本控制法

同步训练

一、填空题

1. 控制一词起源于希腊语"_____",意指领航者把偏离航线的船拉回到正常的航线上来。

2. 狭义的物流成本控制只包括_____、_____。

3. 制定物流成本标准,一定要遵循_____的原则,从企业和部门实际出发,确保物流成本标准合理、可行,同时要借鉴_____的思路,制订多种方案供选择、使用。

4. 只有切实贯彻_____、_____、_____相结合的原则,物流成本控制才能发挥其效益。

5. 物流直接人工标准成本由_____和物流人工用量标准确定。

二、单项选择题

1. ( ) 是以基本的物流功能如物流采购、仓储、包装、流通加工、装卸搬运、运输、配送和物流信息处理等为对象进行的物流成本控制。
   A. 物流功能成本控制　　　　B. 物流目标成本控制
   C. 物流综合成本控制　　　　D. 物流标准成本控制

2. ( ) 是指企业在市场调查、需求分析的基础上,对物流系统的运输、保管、包装、装卸及流通加工等环节发生的足以影响成本的诸因素进行科学严格计算,制定出目标成本,对实际发生的耗费进行限制和管理,并将实际耗费与目标成本进行比较,找出差异,采取纠正措施,保证实现预定目标成本的一种成本管理系统。
   A. 物流功能成本控制　　　　B. 物流目标成本控制
   C. 物流综合成本控制　　　　D. 物流标准成本控制

3. ( ) 是指在进行物流成本控制时充分考虑物流活动中的效益背反现象,从企业全局出发、从物流系统整体出发进行物流成本的综合控制,其强调的是整个物流过程综合成本的降低和综合效益的提升。
   A. 物流功能成本控制　　　　B. 物流目标成本控制
   C. 物流综合成本控制　　　　D. 物流标准成本控制

4. 下列不属于物流标准成本控制中的单位标准工作时间范围的是 ( )。
   A. 直接作业时间　　　　　　B. 休息时间
   C. 必要间歇　　　　　　　　D. 停工时间

5. (　　)是指通过调查分析和运用技术测定等科学方法制定的,在有效的经营条件下开展物流活动时应该实现的成本。

　　A. 物流功能成本控制　　　　　　B. 物流目标成本控制

　　C. 物流综合成本控制　　　　　　D. 物流标准成本控制

6. 在生产周期长、原材料昂贵或大型机器设备的采购中常使用的支付方式是(　　)。

　　A. 预付货款　　　　　　　　　　B. 分期付款

　　C. 延期付款　　　　　　　　　　D. 一次性付款

7. 以下关于经济订货批量模型的描述,不正确的是(　　)。

　　A. 订购费用固定

　　B. 产品单价固定

　　C. 存储费用根据平均存储水平确定

　　D. 产品的需求波动性较大

8. 用于防止和减少订货期间需求率增长或到货延误所引起的缺货而设置的储备被称为(　　)。

　　A. 流通库存　　　　　　　　　　B. 周转库存

　　C. 季节性储备　　　　　　　　　D. 安全库存

9. 物流成本控制系统主要是通过物流技术的改善、(　　)来实现物流过程的优化和物流成本的降低。

　　A. 投入的增加　　　　　　　　　B. 人力的增加

　　C. 物流管理水平的提高　　　　　D. 物流成本的预测

10. 物流成本控制应以降低(　　)为目标。

　　A. 物流局部成本　　　　　　　　B. 物流总成本

　　C. 物流重点成本　　　　　　　　D. 物流分成本

三、多项选择题

1. 物流目标成本控制的方法有(　　)。

　　A. 倒扣法　　　　　　　　　　　B. 比价预算法

　　C. 量本利分析法　　　　　　　　D. 价值工程法

　　E. 滚动控制法

2. 制定物流标准成本主要依据的标准成本项目有(　　)。

　　A. 直接材料费用　　　　　　　　B. 直接人工费用

　　C. 物流投资费用　　　　　　　　D. 物流控制费用

　　E. 物流服务费用

3. 在进行物流标准成本控制时,影响观测次数的因素有( )。

　　A. 操作者的技术程度　　　　　　B. 操作本身的稳定性

　　C. 测量误差　　　　　　　　　　D. 测量仪器的精度

　　E. 测时的精度要求

4. 在物流标准成本的制定中,测时的方法主要有( )。

　　A. 归零法　　　　　　　　　　　B. 累积计时法

　　C. 周程测时法　　　　　　　　　D. 连续测时法

5. 在进行物流标准成本控制时,时间研究中宽放时间的种类有( )。

　　A. 私事宽放　　　　　　　　　　B. 疲劳宽放

　　C. 程序宽放　　　　　　　　　　D. 特别宽放

　　E. 政策宽放

6. 从物流成本管理和控制的角度看,物流成本包括( )等几个方面。

　　A. 社会物流成本　　　　　　　　B. 制造企业物流成本

　　C. 物流企业物流成本　　　　　　D. 生产过程以外的成本

　　E. 商品流通企业物流成本

7. 物流成本控制的技术措施包括( )。

　　A. 物流成本预算

　　B. 提高物流服务的机械化、集装箱化和托盘化

　　C. 改善物流途径,缩短运输距离,减少运输次数

　　D. 维护合理库存

　　E. 预测未来成本

8. 物流成本的管理与控制由( )组成。

　　A. 物流收益评估系统　　　　　　B. 物流成本性态分析系统

　　C. 物流成本管理系统　　　　　　D. 物流成本日常控制系统

　　E. 物流成本预算系统

9. 物流成本管理系统由三个层次组成,这三个层次为( )。

　　A. 成本效益评估层　　　　　　　B. 成本管理层

　　C. 成本核算层　　　　　　　　　D. 成本预算层

　　E. 成本控制层

10. 物流成本控制对象的主要形式有( )。

　　A. 以物流成本的形成阶段为控制对象

　　B. 以物流服务的不同功能为控制对象

　　C. 以物流成本的不同项目为控制对象

　　D. 以物流服务的不同企业为控制对象

　　E. 以物流服务的不同层次为控制对象

四、判断题（正确的画"√"，错误的画"×"）

1. 现代物流成本控制是企业全员控制、全过程控制、全环节控制和全方位控制，是商品使用价值和价值结合的控制，是经济和技术结合的控制。（   ）

2. 物流目标成本控制程序的核心环节主要包括目标成本的设定，目标成本的可行性分析，目标成本的分解，目标成本的实施、考核和修订。（   ）

3. 物流标准成本主要包括直接材料费用、直接人工费用和物流服务费用三个方面的内容。（   ）

4. 责任成本的计算方法包括直接计算法、间接计算法和综合计算法。（   ）

5. 物流成本的事中控制主要是针对各项具体的物流成本费用项目进行实地实时的分散控制。（   ）

6. 目标利润法是根据有关的目标利润率指标来测算企业的物流目标利润的一种方法。（   ）

7. 变动物流服务费用标准成本由固定物流服务数量标准和变动物流服务价格标准确定。（   ）

8. 责任成本是指责任单位能对其进行预测、计量和控制的各项可控成本之和。（   ）

9. 供应物流成本是指从原材料进入企业仓库开始，经过出库、制造形成产品以及产品进入成品库，直到产品从成品库出库为止的物流过程中所发生的物流费用。（   ）

10. 控制销售物流成本除了需要采取降低干线运输成本、仓储成本等措施外，还需要控制配送成本。（   ）

五、计算题

1. 某企业本年度的销售目标为 6 000 万元，如果按 15 次/年的行业标准周转率要求，那么该企业的年度平均库存额应当不超过多少？多长时间库存周转一次？

2. 若某企业对某产品的需求量为每周 1 500 件，交货期为 3 周，安全库存量为 200 件，那么使用定量订购法时的订购点应设为多少？若交货期缩短到 2 周，订购点又当如何设？

3. 某公司为了降低库存成本，采用订购点法控制某种商品的库存。该商品的年需求量为 1 000 单位，订购成本为每次 10 美元，每年每单位商品的持有成本为 0.5 美元，试计算该公司每次订购的最佳数量。如果安全库存天数为 3 天，订购运输时间为 7 天，则该公司的订购点为多少？

4. 如果某产品的需求量为每年 3 000 个单位，价格为每单位 3.5 元，每次订货的订货成本为 26 元，年持有成本率相当于单价的 25%，则各次订货之间的最优检查间隔期为多长时间？

六、案例分析题

四年前，小王在某地开了一家饺子馆，如今生意还算火爆。小王说："别看现在生意还不错，开业这段时间，让我最头疼的就是每天怎么进货，很多利润被物流消耗掉了。"刚开始卖出 10 个饺子，定价为 5 元，直接成本为饺子馅、饺子皮、调料和燃料成本，每个饺子的成本大约为 0.2 元。虽然存在价差空间，但小王的小店总是赚不到钱，原因在于每天都有大量剩余原料，且这些原料不能隔天使用，算上人工、水电、房租等方面的经营成本，饺子的成本接近 0.4 元了。小王说："如果一天卖出 1 000 个饺子，同时多出 500 个饺子的原料，相当于亏损了 100 元左右。每个饺子的物流成本最高时为 0.4 元，加上粮食涨价，利润越来越少。"

从理论上说，一般有两种供应方式：一种是每天定量供应，通常早上 10 点开始，晚上 9 点结束，这种方式可能会降低客流量；另一种是根据历史数据做大概预测。时间序列是一个重要因素。对于面粉等保质期较长的产品，一般做周预测，周末进行订货、补货；饺子馅采取每日预测方法，根据物料清单进行采购，并一日采购两次，下午根据上午的消耗情况制订补货计划，晚上则采购第二天所需原料。根据以往的经验进行预测，面粉每天的用量比较大，因为不管包什么馅儿的饺子都得用面粉，而且其需求量相对比较固定。后来小王又开了两家连锁店，原料订货就更得统筹安排了。饺子馅的原料要根据前一天用量进行每日预测,然后根据原料清单进行采购。一日采购两次,下午根据上午的消耗情况进行补货,晚上采购第二天所需原料。

一家饺子馆的物流管理同样容不得差错。小王想咨询一些物流专家,探讨如何提升饺子馆的物流成本控制水平。

根据以上案例分析:

这家饺子馆的物流成本控制应从哪方面入手?

项目六 物流成本分析

 学习指导

一、请画出本项目的知识思维导图

二、本项目涉及的主要专业术语/名词

1. 物流成本分析
2. 对比分析法
3. 比率分析法
4. 连环替代法

同步训练

一、填空题

1. 物流成本分析有_____和_____两种方法。
2. 连环替代法是确定引起_____的各个因素的影响程度的一种计算方法。
3. 物流企业风险包括_____、_____等。
4. 对比分析法根据分析的目的不同有_____和_____两种形式。
5. _____是连环替代法的简化形式。

二、单项选择题

1. 因素分析法又称（　　）。
   A. 比较分析法　　　　　　B. 比率分析法
   C. 连环替代法　　　　　　D. 趋势分析法

2. 在运用因素分析法进行分析时，应注意的问题不包括（　　）。
   A. 因素分解的关联性
   B. 因素替代的顺序性
   C. 顺序替代的连环性
   D. 计算结果的准确性

3. 通过对相关经济指标的对比分析来确定指标之间的差异或指标发展趋势的方法是（　　）。
   A. 比较分析法　　　　　　B. 比率分析法
   C. 连环替代法　　　　　　D. 平衡分析法

4. 流动比率是一项反映企业短期偿债能力的指标，其计算公式为（　　）。
   A. 流动比率=流动资产/流动负债
   B. 流动比率=息税前利润/利息费用
   C. 流动比率=流动资产/存货
   D. 流动比率=（流动资产-存货）/流动负债

5. 速动比率是一项反映企业短期偿债能力的指标，其计算公式为（　　）。
   A. 速动比率=流动资产/流动负债
   B. 速动比率=息税前利润/利息费用
   C. 速动比率=（流动资产-存货）/流动负债
   D. 速动比率=流动资产/存货

6. （　　）是指利用成本资料与其他相关资料，全面了解成本变动情况，系统研究成本升降的影响因素及形成原因，寻求降低成本的途径，挖掘降低成本的潜力，以取得更大的经济效益。

　　A. 仓储成本管理　　　　　　　　B. 物流管理成本
　　C. 物流成本分析　　　　　　　　D. 物流运作成本

7. （　　）是通过分析获取企业物流成本效率指标状况和问题，为企业进行相关物流成本决策，改进物流系统，实现总体物流成本的降低，提高物流效率提供依据的分析。

　　A. 物流成本构成分析　　　　　　B. 物流成本经济性分析
　　C. 物流成本效益分析　　　　　　D. 物流成本效率分析

8. （　　）是一定时期内企业在物流活动中发生的物品跌价、损耗、毁损、盘亏等损失。

　　A. 供应物流成本　　　　　　　　B. 资金占用成本
　　C. 存货风险成本　　　　　　　　D. 回收物流成本

9. （　　）是在实际工作中被广泛应用的分析方法，它是通过相互关联的物流成本指标的时间和空间对比来确定数量差异的一种方法。采用这种方法，可达到降低成本、提高经济效益的目的。

　　A. 指标对比分析法　　　　　　　B. 环比分析法
　　C. 因果分析法　　　　　　　　　D. 因素分析法

10. （　　）是根据一定时期内的最高点业务量和最低点业务量的相应成本关系，推算静态物流成本和单位动态物流成本的一种成本性态分析方法。

　　A. 比率分析法　　　　　　　　　B. 差额分析法
　　C. 高低点法　　　　　　　　　　D. 对比分析法

三、多项选择题

1. 在物流成本分析的分类中，物流成本分析按时间可以分为（　　）。

　　A. 事前成本分析　　　　　　　　B. 事中成本分析
　　C. 局部成本分析　　　　　　　　D. 事后成本分析
　　E. 综合成本分析

2. 在物流成本分析的分类中，物流成本分析按指标内涵可以分为（　　）。

　　A. 物流成本效益分析　　　　　　B. 物流成本构成分析
　　C. 物流成本效率分析　　　　　　D. 物流成本层次分析
　　E. 物流成本内涵分析

3. 在物流成本分析方法中,定量分析法包括（　　）。
   A. 指标对比分析法　　　　　　B. 环比分析法
   C. 时间序列分析法　　　　　　D. 因素分析法
   E. 因果分析法

4. 物流成本分析的一般程序包括（　　）。
   A. 选择物流成本分析指标的分析标准
   B. 收集资料
   C. 对指标进行具体分析
   D. 进行调整
   E. 进行总结与改善

5. 指标对比分析法的形式有（　　）。
   A. 实际指标与计划指标对比
   B. 本期实际指标与前期（如上年同期或历史最好水平）实际指标对比
   C. 本期实际指标与历史平均水平对比
   D. 本期实际指标与历史最高水平对比
   E. 本期实际指标与同行业先进水平对比

6. 物流成本分析的方法包括（　　）。
   A. 因素分析法　　　　　　　　B. 指标对比分析法
   C. 相关分析法　　　　　　　　D. 比较法

7. 下列不属于物流成本分析原则的是（　　）。
   A. 实际与标准一致的原则
   B. 以历史最高水平为依据的原则
   C. 与经济责任制相结合的原则
   D. 与技术经济指标变动相结合的原则
   E. 一切从实际出发的原则

8. 仓储成本分析的意义有（　　）。
   A. 为企业制订仓储经营管理计划提供依据
   B. 为仓储产品定价提供依据
   C. 有利于加速仓储企业的现代化建设
   D. 为仓储企业的劳动管理提供依据

9. 物流成本结构的分析思路包括（　　）。
   A. 计算结构百分比
   B. 与行业其他企业做比较
   C. 根据计算结果进行分析评价
   D. 与企业上期做比较

10. 资源是成本的源泉,一个企业的资源包括(　　)。
   A. 直接人工　　　　　　　　B. 直接材料
   C. 生产维持成本　　　　　　D. 间接制造费用
   E. 生产过程以外的成本

四、判断题（正确的画"√",错误的画"×"）

1. 分析是人们认识客观事物的本质特征及其发展规律的一种逻辑思维方法。
(　　)
2. 风险产生于经济中的不确定因素和确定因素。(　　)
3. 企业各项技术经济指标的完成情况不会影响物流成本。(　　)
4. 比率分析法是通过将某项财务指标与性质相同的指标评价标准进行对比,揭示企业财务状况、经营情况的一种分析方法。(　　)
5. 构成比率分析法是通过计算性质完全不同而又相关的两个指标的比率进行分析的一种方法。(　　)
6. 因素分析法在计算每一个因素变动的影响时,都是在前一次计算的基础上进行的,并采用连环比较的方法确定因素变化的影响结果。(　　)
7. 短期偿债能力的指标主要有流动比率和速动比率。(　　)
8. 营运能力是企业的经营运行能力,反映企业经济资源的开发、使用及资本的有效利用程度。(　　)
9. 营业净利率是企业净利润与营业收入的比率,这项指标越低说明企业从营业收入中获取利润的能力越强。(　　)
10. 资产周转率的高低取决于各个生产经营环节所占用资产的周转速度。(　　)

五、计算题

1. 海通物流公司直接材料的计划成本数据与实际成本数据如表 6-1 所示。请运用连环替代法分析各因素变动对直接材料费用总额的影响程度。

表 6-1　海通物流公司的直接材料成本数据

项目	计划	实际
单价/（元/千克）	1	1.1
用量/千克	150	148
物流服务次数/次	500	520

2. 海沧物流公司2024年计划单位产品耗工时为20小时，实际耗工时为18小时；计划工资为2元/时，实际工资为2.5元/时。请用差额计算法计算直接人工费用变动的总差额。

3. 某公司2024年上半年的设备维修费用与机器运转小时数如表6-2所示。请用高低点法求该企业的动态物流成本和静态物流成本，并用数学模型表示。

表6-2　某公司2024年上半年的设备维修费用与机器运转小时数

月份	1	2	3	4	5	6
机器运转小时数/时	7	8	5	9	10	6
设备维修费用/元	210	215	200	220	230	205

六、案例分析题

案例一

随着科技进步，电子商务企业对物流的需求量与日俱增。在激烈的行业竞争中，企业立足的关键在于合理控制物流成本。从采购到生产，物流成本在自给自足的过程中易于控制和管理，能够有效利用原有资源，激活原有物流资源，带动资金流动，为企业带来更多利润。

现有甲、乙两公司自营物流成本中的销售物流成本明细及占比如表6-3所示。

表6-3　甲、乙两公司自营物流成本中的销售物流成本明细及占比

自营物流成本		甲公司2023年度	甲公司2024年度	乙公司2024年度
销售物流	运输成本/万元	22	20	25
	装卸搬运成本/万元	10	7	9
	流通加工成本/万元	3	4	0
	物流信息成本/万元	4	7	6
	物流管理成本/万元	6	9	9
	合计/万元	45	47	49
各成本占比	运输成本	48.89%	42.55%	51.02%
	装卸搬运成本	22.22%	14.89%	18.36%
	流通加工成本	6.67%	8.52%	0.00%
	物流信息成本	8.89%	14.89%	12.25%
	物流管理成本	13.33%	19.15%	18.37%
	合计	100.00%	100.00%	100.00%

请结合案例资料，对自营物流成本中的销售物流成本进行成本分析。

案例二

在自营物流中，除了直接成本外，企业还要承担制造成本中的物流成本、促销成本中的物流成本、机会成本等隐性成本。这些成本往往难以量化，但对企业的整体运营影响较大。而委托物流中第三方物流服务提供商通常具有专业的物流管理和运营经验，能够有效降低隐性成本。此外，企业无须投入大量资源进行物流设施的建设和维护。现有 A、B 两公司 2023 年度、2024 年度委托物流成本明细如表 6-4 所示。

表 6-4　A、B 公司 2023 年度、2024 年度委托物流成本明细

年度	公司	物流环节	委托物流成本				完成同样任务预计自营物流成本	
			运输成本/万元	占比	装卸搬运成本/万元	占比	运输成本/万元	装卸搬运成本/万元
2023	A 公司	销售物流	6.5	65%	3.5	35%	7.5	2.8
2024	A 公司		6.5	65%	3.5	35%	—	—
2023	A 公司	供应物流	5.6	70%	2.4	30%	6.4	2.2
2024	A 公司		6.0	60%	4.0	40%	7.2	3.5
2024	B 公司		9.5	71.54%	3.5	28.46%	11.0	3.0

请根据案例资料，对 A、B 两公司自营物流成本中的销售物流成本和供应物流成本进行分析。

项目七

物流成本绩效评价

 学习指导

一、请画出本项目的知识思维导图

二、本项目涉及的主要专业术语/名词

1. 物流成本绩效评价
2. 平衡记分卡法
3. 绩效标杆法
4. 战略成本管理

同步训练

一、填空题

1. 物流成本绩效评价一般要经过_____、_____和_____阶段。
2. _____为企业物流成本决策提供依据。
3. _____指标分析一定时期内生产和销售一定数量产品所发生的物流成本与所获得的利润总额的比率。该指标高就说明市场竞争能力强、产品成本低且盈利能力高。
4. 平衡记分卡是从_____、_____、_____、_____四个维度，将组织的战略落实为可操作的衡量指标和目标值的一种新型绩效管理体系。
5. 成本动因可分为两个层次：一是_____上的与企业的具体生产作业相关的成本动因，如物资消耗、作业量等；二是_____上的成本动因，如规模、技术多样性、质量管理等。

二、单项选择题

1. 物流绩效评价的系统性是指（　　）。
    A. 定量分析与定性分析相结合
    B. 评价指标体系涵盖实现物流系统目标所涉及的一切方面
    C. 防止评价人员的倾向性
    D. 评价所用材料准确可靠

2. 物流绩效评价的客观性是指（　　）。
    A. 定量分析与定性分析相结合
    B. 评价指标体系涵盖实现物流系统目标所涉及的一切方面
    C. 防止评价人员的倾向性
    D. 评价所用材料准确可靠

3. 物流绩效评价的真实性是指（　　）。
    A. 定量分析与定性分析相结合
    B. 评价指标体系涵盖实现物流系统目标所涉及的一切方面
    C. 防止评价人员的倾向性
    D. 评价所用材料准确可靠

4. 通过物流绩效评价的结果分析来修正企业物流发展战略目标的本质是（　　）。
    A. 优化市场定位　　　　　　　B. 确定目标方向
    C. 厘清现状　　　　　　　　　D. 进行路径选择

5. 库存周转天数是（　　）。
   A. 日均库存/日均销量　　　　　B. 日均销量/日均库存
   C. 订货批量/日均销量　　　　　D. 日均销量/订货批量
6. 与缺货率对应的物流管理内容是（　　）。
   A. 库存管理　　　　　　　　　B. 成本管理
   C. 运输管理　　　　　　　　　D. 服务管理
7. 与物流费率对应的物流管理内容是（　　）。
   A. 库存管理　　　　　　　　　B. 成本管理
   C. 运输管理　　　　　　　　　D. 服务管理
8. 平衡记分卡法中（　　）回答"我们如何取悦股东"的问题。
   A. 财务维度　　　　　　　　　B. 客户维度
   C. 业务流程维度　　　　　　　D. 创新与学习维度
9. 客户满意度可以用（　　）来量化。
   A. 客户的投诉次数　　　　　　B. 客户的有效投诉次数
   C. 装货等待时间　　　　　　　D. 客户的重复投诉次数
10. 标杆就是可参照的预期要达到的（　　）。
    A. 目标　　　　　　　　　　　B. 过程
    C. 业绩　　　　　　　　　　　D. 计划

三、多项选择题

1. 物流绩效评估的意义在于（　　）。
   A. 发现物流管理过程中存在的问题和缺陷
   B. 判断企业实际的经营水平
   C. 帮助物流管理人员树立正确的行为导向
   D. 为改善物流管理提供依据
2. 下列属于物流绩效评估应该遵循的原则的是（　　）。
   A. 系统性　　　B. 科学性　　　C. 客观性　　　D. 真实性
3. 下列说法中，正确的有（　　）。
   A. 物流绩效评估是一个体系
   B. 物流绩效评估应该将财务指标作为绩效评估的主要方面
   C. 物流绩效评估的指标体系应该与物流目标相一致
   D. 物流绩效评估是一个连续的流程
4. 优化企业物流市场定位主要是为了（　　）。
   A. 进行客户分类　　　　　　　B. 确定目标方向
   C. 厘清现状　　　　　　　　　D. 进行路径选择

5. 下列关于用平衡记分卡法设计物流绩效指标的说法，正确的是（   ）。
   A. 关键绩效指标大部分是财务性的
   B. 关键绩效指标大部分是非财务性的
   C. 关键绩效指标存在于关键的物流活动中
   D. 关键绩效指标的选取遵循 SMART 原则

6. 标杆管理是企业管理水平提升的（   ）。
   A. 增进创新工具   B. 激励工具
   C. 工作评价工具   D. 企业改革工具

7. 战略成本管理的基本框架由（   ）三个部分构成。
   A. 价值链分析   B. 成本动因分析
   C. 战略计划编制   D. 战略定位分析
   E. 成本领先战略制定

8. 战略成本动因具有（   ）特点。
   A. 与企业战略密切相关
   B. 对产品成本的影响更持久、更深远
   C. 可塑性强
   D. 形成与改变均较为困难
   E. 常常为传统的成本管理所忽视

9. 下列关于物流成本绩效评价常用指标体系的公式，正确的有（   ）
   A. 物流职能成本率＝（物流职能成本÷物流总成本）×100%
   B. 产值物流成本率＝（利润总额÷物流成本）×100%
   C. 物流成本利润率＝（利润总额÷物流成本）×100%
   D. 物流成本率＝（销售额÷物流成本总额）×100%

10. 下列属于进行物流成本绩效评价时所采用的技术方法的是（   ）。
    A. 案例方法   B. 会计方法
    C. 统计方法   D. 数学方法

四、判断题（正确的画"√"，错误的画"×"）

1. 平衡记分卡中存在一些关键绩效指标，其中大多数是财务性的。（   ）
2. 物流绩效是正在进行的物流活动的执行情况及已完成的物流活动的结果。（   ）
3. KPI 是平衡记分卡的英文缩写。（   ）
4. 可供应存货天数越多，企业资产管理效率越高。（   ）
5. 增值生产率与企业员工数无关。（   ）
6. 所有作业的实施最终都能使"顾客价值"增加。（   ）

7. 通过对企业内部价值链的分析，可以有效消除不增值的作业。（　　）

8. 差异领先战略是采用适当的突破点，在成本上或差异化上领先于他人。（　　）

9. 价值链分析的主要目的是通过控制成本动因或重新优化价值链，构建具有自身特色的价值链，以取得竞争优势。（　　）

10. 执行性成本动因分析所要求的战略强化针对的是"最佳"效果目标，最终可归纳为一个"选择"的问题。（　　）

五、计算题

1. 2024年佳佳物流公司的销售收入总额为1 000万元，成本总额为812万元，物流成本为652万元，请计算该物流公司的物流成本率和单位物流成本率。

2. 2024年佳佳物流公司的物流成本为900万元，其中仓储成本为75万元，利润总额为385万元，请计算该物流公司的仓储物流职能成本率和物流成本利润率。

3. 盛世物流公司2024年6月的出库量为3 956件，6月初的库存为4 850件，6月末的库存为5 050件，请计算盛世物流公司6月的库存周转率。

六、案例分析题

案例一 从沃尔玛的成功看战略理念在物流成本管理中的应用

在当前激烈的市场竞争中,将先进的战略成本管理理念应用于物流成本管理活动已成为有效降低物流成本的最佳选择。

(一) 物流成本管理中的战略理念

物流总成本是企业管理物流运作的重要指标,如何在不降低服务水平的前提下降低物流总成本是企业的一项经营目标。为了更好地实现这一目标,企业应当运用战略管理的思想,加强物流成本管理,即以战略目标为导向,在全面成本管理思想的指导下,对物流活动过程中运输、装卸、搬运、包装、储存、配送、流通加工、信息处理等各个功能要素进行合理协调,使物流总成本最低而非功能要素个体最优,形成整体性、综合性、前瞻性的特点。在物流活动的每个具体环节都可根据该环节的物流特点与成本动因,合理选择战略成本管理方法,如价值链管理、供应链管理、作业成本管理及产品生命周期法等先进管理方法。

(二) 实施战略物流成本管理的成功案例

"天天平价"是世界"零售业之王"沃尔玛的第一经营理念和长期营销战略,它向顾客展示了一个超低价的销售王国,而隐藏其后的正是其超高效的成本控制,尤其是先进的物流成本管理系统,使其成本领先战略转化为不能被其他企业简单模仿的、长期深深扎根于企业之中的核心竞争能力。

1. 进行全面的供应链成本管理,从源头控制进货成本

沃尔玛避开一切中间环节直接从供应商的工厂进货,将供应商视为自己的第一个"车间",并注重与供应商建立良好的长期合作关系,帮助供应商进行流程再造,争取以最低的价格进货。沃尔玛还通过互联网等先进技术与供应商实现信息共享,供应商可以通过沃尔玛的销售和库存情况把握商品和市场的走向,及时安排、调整生产和运输,提高生产效率,而沃尔玛自身也从中得到了供货商给予的超额优惠。

2. 具有灵活高效的自办物流配送系统

沃尔玛拥有30个配送中心、2 000多辆运货卡车,其他同业商店平均两周补货一次,而沃尔玛平均一周补货两次;它还采用全球卫星定位等高新技术,形成了独特高效的供应链管理体系。沃尔玛可以在1小时内查看到全球数千家店的库存情况,可以在任何时候指挥物流车队选择最便捷的运输路线,保证货品从仓库到任何一家商店的时间不超过48小时。高效快速的配送系统,使沃尔玛各分店能做到既不缺货也不压货,大大节省了资金占用成本和仓储成本。

3. 有效控制营销成本和管理成本

沃尔玛认为,价廉物美的商品就是最好的广告,它每年只在媒体上做几次广告,

远少于一般百货公司每年50—100次的水平。这使沃尔玛的广告开支降到了最低程度，其营销成本仅占销售额的1.5%，商品损耗率仅为1.1%，分别低于美国零售商店5%和2%的平均水平。

4. 基于高新科技的速度制胜策略为沃尔玛构建了时间优势

沃尔玛的物流效率之所以如此高，是因为他们运用了最先进的信息技术。沃尔玛建立了全球卫星定位系统及计算机与卫星交互式通信系统，在公司总部建立了庞大的数据中心，采用全电子化的快速反应这一现代化供应链管理模式。这些先进的信息系统不仅使公司内部、分销中心和零售点之间可以快捷地进行对话，而且使沃尔玛所有的商店、配送中心与供应商建立了即时联系，改变了传统企业的商业信息保密的做法，与合作伙伴交流分享销售信息、库存信息、生产信息、成本信息等。此外，沃尔玛还将无线射频识别技术融入其供应链管理系统中，采用这一先进技术旨在监督和跟踪控制每一个产品，控制物流环节中的产品缺失与质量监督。沃尔玛通过快速引进高新技术，构建了时间优势，不仅极大地提高了工作效率，而且形成了公司核心竞争力的一部分。

根据以上材料分析：

1. 战略思想在物流成本管理中的作用是什么？

2. 我国的物流企业管理能从沃尔玛的案例中得到哪些启示？

案例二　爱莫生公司的标杆法运用

爱莫生公司对刚刚引入的最佳实践程序（标杆法）非常满意，甚至决定照搬该程序的全部流程。然而，这个从其他行业引进的最佳实践程序与爱莫生公司本身的流程并不完全契合。在运作过程中，最佳实践程序多了一项产品监测的步骤，爱莫生公司的操作人员发现了这一情况，并向公司执行监督人做了反映。然而，执行监督人因为担心改变最佳实践流程的程序会对标杆管理的结果造成影响，没有批准缩减这一程序的要求，这直接导致了流程改进的复杂化和低效率，一个完全没有必要出现的步骤就这样牢牢地嵌入了流程改进中，导致爱莫生公司的这次标杆管理活动未能达到预期的效果。

根据以上案例分析：

1. 什么是标杆法？

2. 爱莫生公司的标杆法运用对我们有何启示？

专题篇

项目八 运输成本管理

学习指导

一、请画出本项目的知识思维导图

二、本项目涉及的主要专业术语/名词

1. 运输成本
2. 实地盘存制
3. 营运间接费用
4. 运输成本控制

同步训练

一、填空题

1. _____是影响运输成本的主要因素,它直接影响车辆燃料费、维修保养费的支出。

2. 工作中常见的调度不当造成的_____、_____、_____等现象会增加运输成本,实务操作中承运人应尽量避免这种情况的发生。

3. 合理选择_____应全面衡量运输速度与运输费用之间此消彼长的关系。

4. 根据企业物流成本构成中运输成本包括的内容,可将汽车运输产生的各项费用归集到四个成本项目中,即_____、_____、_____、_____。

5. 航次成本的成本计算期是_____。

二、单项选择题

1. 下列对距离与运输成本之间的关系的描述中,说法错误的是（　　）。
   A. 当距离为0时,运输成本不为0
   B. 随着运输距离的增加,运输成本也增加
   C. 随着运输距离的增加,运输成本增加的幅度在减小
   D. 随着运输距离的增加,运输成本增加的幅度在增大

2. 汽车运输成本以（　　）为计算单位。
   A. 运送距离　　　　　　　　B. 使用不同燃料的营运车辆
   C. 货物周转量　　　　　　　D. 不同用途的车辆

3. 民航企业一般以（　　）为成本核算期。
   A. 年　　　　B. 天　　　　C. 月　　　　D. 季

4. 集装箱以20英尺（1英尺≈0.3米）为标准尺寸,40英尺的集装箱可换算为（　　）标准箱。
   A. 1个　　　　B. 1.5个　　　　C. 1.8个　　　　D. 2个

5. （　　）为运输工具在运行过程中所发生的费用,因运输距离长短、停留港站数及停留时间、货物种类及运送数量、劳动工资、维修保养费用、燃料电力消耗而异。
   A. 变动成本　　B. 固定成本　　C. 直接成本　　D. 间接成本

6. 装载量的大小影响运输成本,每单位重量的运输成本随载货量的增加而（　　）,这是因为提取和交付的固定费用及行政管理费用可以随载货量的增加而被分摊。
   A. 增加　　　　B. 减少　　　　C. 不变　　　　D. 变化

7. 降低装卸运输成本的主要途径有（　　）。
   A. 增加运输距离
   B. 尽量减少装卸搬运次数
   C. 增加装卸搬运机械的作业场地面积
   D. 全部采用装卸搬运机械作业
8. 远洋船员的服装费属于（　　）。
   A. 航次运行费用　　　　　　B. 企业管理费用
   C. 船舶共同费用　　　　　　D. 营运费用
9. 在不考虑品牌的前提下，选择运输商以（　　）为主要依据。
   A. 运价　　　　　　　　　　B. 运输网络
   C. 最短运输时间　　　　　　D. 运价与运输时间的均衡性
10. 在运输成本中，（　　）所占比例变动最大。
    A. 起点与终点的两端运输成本　　B. 固定资本成本
    C. 中间的主要承运阶段成本　　　D. 变动成本

三、多项选择题

1. 影响运输成本的因素主要有（　　）。
   A. 运送距离　　　　　　　　B. 载运量
   C. 同行竞争　　　　　　　　D. 产品密度
2. 汽车运输成本中的车辆费用包括（　　）。
   A. 人工费　　　　　　　　　B. 燃料费和轮胎费
   C. 修理费和保险费　　　　　D. 车队管理费
3. 在海洋运输成本构成中，航次运输费用包括（　　）。
   A. 港口费　　　　　　　　　B. 人工费
   C. 中转费　　　　　　　　　D. 车船使用税
4. 铁路运输的优点是（　　）。
   A. 承运能力强　　　　　　　B. 安全系数比较大
   C. 可满足远距离运输需求　　D. 项目投资少
5. 在沿海运输中，客货周转量的换算以一个吨海里等于（　　）计算。
   A. 一个铺位人海里　　　　　B. 两个铺位人海里
   C. 三个座位人海里　　　　　D. 四个座位人海里
6. 航次运行费用包括（　　）。
   A. 燃料费　　　　　　　　　B. 速遣费
   C. 单证资料费　　　　　　　D. 淡水费

7. 汽车折旧的计算方法有（　　）。
   A. 快速折旧法　　　　　　　　B. 使用年限法
   C. 双倍余额递减法　　　　　　D. 直线法

8. 汽车运输成本构成内容按汽车运输成本性质可分为（　　）。
   A. 不可控成本　　　　　　　　B. 车公里变动成本
   C. 固定成本　　　　　　　　　D. 吨公里变动成本

9. （　　）可以有效控制运输成本。
   A. 减少运输环节　　　　　　　B. 提高车辆的装载技术水平
   C. 减少运输事故　　　　　　　D. 选择合理的运输方式

10. 开展集运的方式包括（　　）。
    A. 仓库与库存合并　　　　　　B. 运输车辆合并
    C. 订单合并　　　　　　　　　D. 批量合并，减少运营班次

四、判断题（正确的画"√"，错误的画"×"）

1. 物流运输过程不增加产品的使用价值。（　　）
2. 对成本计划完成情况的分析要通过成本降低率来进行。（　　）
3. 集装箱车成本的计算单位是"千箱公里"。（　　）
4. 汽车运输固定成本是指无论运输距离长短和运量大小，成本水平总是固定不变的那部分成本。（　　）
5. 沿海运输业务通常指国际航线运输业务，其航行时间较长，运输距离较长。因此，其成本计算周期是"月"。（　　）
6. 在汽车运输成本中，车公里变动成本是指随行驶里程变动的成本，如按营运收入和规定比例计算缴纳的运输管理费。（　　）
7. 运输的一致性是运输的可靠性的反映，是高质量运输的重要特征。（　　）
8. 增加产品的密度会使单位运输成本降低。（　　）
9. 运输的递减原则是指成本曲线增长速度随距离增加而变慢。（　　）
10. 装载重量越多，单位运输成本越高。（　　）

五、计算题

1. 某物流公司购入一台运输车辆，原值为 280 000 元，预计净残值率为 5%，预计行驶里程为 600 000 公里。该车辆采用工作量法计提折旧，本月该车辆行驶 4 000 公里，试计算该车辆本月的折旧额。

2. 某物流公司现有车辆10辆，6月的有关业务情况如下：

（1）工资表显示，司助人员的工资为36 000元，福利费为工资的14%。

（2）按单车统计资料，有关燃料的消耗报告中所列的数据为所有车辆共消耗23 600升燃料，本月的实际价格为8元/升。

（3）该公司每月每车预提修理费300元。本月对n辆车进行维修，其中对a辆车进行小修作业，修理费为1 600元；对b辆车进行大修作业，维修费为8 100元。

（4）6月发生交通事故一起，无人员伤亡。责任认定结果为该公司车辆负全部责任：货物损失600元，车辆修理费为1 400元。保险公司按规定赔付1 100元。

（5）年初该公司支付本年度保险费共计36 200元。（请按权责发生别核算法）

（6）本月发生车队管理人员的工资性费用、办公费、差旅费等共计3 000元。

请计算该物流公司6月的运输成本。

3. 某汽车运输企业的 2 号车在 9 月发生的费用项目如下：

（1）燃料费：本月共加油 6 次，每次费用 1 200 元。

（2）轮胎费：每只轮胎的价格为 360 元，计划行驶 64 000 公里后报废，报废后预计残值 100 元，当月行驶 2 000 公里，车辆轮胎数量为 6 只。

（3）人工费：每月汽车司机工资为 4 500 元，福利费按工资的 14% 提取。

（4）修理费：当月汽车经过一次修理，修理费为 390 元。

（5）折旧费：按直线法计提。汽车原值 30 万，预计净残值率为 4%，预计使用 6 年。

（6）运输管理费：按该车当月收入的 2% 计提缴纳。该车 9 月获得收入 24 000 元。

请根据以上资料计算 2 号车 9 月的运输成本。

六、案例分析题

近年我国物流降本增效的新进展及未来发展

一、运输"一箱制"、服务"一单制",多式联运助力降本增效

1. 运输"一箱制"

过去,货物主要通过公路从工厂运至港口,靠泊后再经公路短驳入港,装卸环节多、运输效率低。如今,起讫两端铁路专线入港,车船直取,集装箱全程不落地,减少了烦琐的对接环节,运输时效大幅提升。

2. 服务"一单制"

以前,货主需要对接公路、铁路和海运三方,手续繁复、耗时较长,而"一单制"模式下,货主只要对接铁路一方就能完成全程运输,实现"一次托运、一次计费、一份单证、一次结费"。派河站海铁联运班列已通过"一箱制""一单制"运输模式为合肥及周边企业节省成本超150万元。

3. 多式联运助力降本增效

作为提升运输服务质量和效率的重要突破口,发展多式联运与降低物流成本紧密相关。据测算,我国多式联运占全社会货运量的比例每提高1个百分点,可降低物流总费用约0.9个百分点,节约的社会物流成本可达千亿元。

二、网络更完善、结构更优化,物流成本水平稳步下降

1. 网络更完善

目前,全国综合交通网络总里程超过600万公里,新改建农村公路里程超过16万公里,已形成125个国家物流枢纽、66个骨干冷链物流基地和25个综合货运枢纽补链强链城市,"通道+枢纽+网络"的物流运行体系初具规模,"大动脉""微循环"更加畅通。

2. 结构更优化

通过持续推进大宗货物和中长途运输"公转铁""公转水",铁路和水运在全社会货运周转量中的占比逐步提升。我国公路运输成本为0.2—0.4元/吨公里,铁路运输成本约为0.15元/吨公里。每提高铁路货运量1个百分点,可带动物流成本降低0.2—0.5个百分点。……加快推进"公转铁""公转水",充分发挥多种运输方式的组合优势,将持续为物流降本增效提供空间。

3. 服务质效不断提升

近年来,交通运输部会同多部门开展综合运输服务"一票制、一单制、一箱制"交通强国专项试点,已累计创建116个多式联运示范工程项目。

相关数据显示,2023年,我国社会物流总费用与国内生产总值的比率为14.4%,较上年下降了0.3个百分点。单位国内生产总值物流费用的下降,反映出我国经济运行效率的不断提升。然而，与一些发达国家相比，这一比率仍然有下降空间。

三、打通堵点、创新模式、优化环境，持续挖掘物流降本空间

1. 打通堵点，强化各环节高效衔接

从统计数据看，加快推进运输结构调整对于物流效率提升具有一定的作用，尤其在中长距离运输中，铁路和水运能够大幅降低运输成本。要加快发展多式联运"一单制""一箱制"，着力提升铁路、水运的综合服务能力，推进系统性物流降本增效。

2. 创新模式，释放物流降本新潜能

近年来，物流领域科技创新成果不断涌现，尤其体现在智能制造、无人技术、企业数字化转型和智慧供应链等方面，助力服务模式优化、物流效率提升。应大力鼓励发展与平台经济、无人驾驶等技术结合的物流新模式，加快出台和完善有关政策举措，引导相关产业规范发展。

3. 优化环境，有效降低制度性成本

目前来看，我国物流发展仍存在物流与产业链和供应链融合不够、仓储和管理运行成本较高、物流大市场规则不统一、制度性交易成本较高等问题。下一步可取消、调整不合理罚款规定，定向降低沿海港口引航费，阶段性降低货物港务费和货车通行费，全方位、全链条推进物流降本提质增效。

结合以上案例分析：

1. 如何有效降低运输成本？

2. 我们从案例中可以得到哪些启示？

项目九

仓储成本管理

 学习指导

一、请画出本项目的知识思维导图

二、本项目涉及的主要专业术语/名词

1. 仓储成本
2. 仓储订货成本
3. 仓储储存成本
4. 仓储成本控制

同步训练

一、填空题

1. _____是指储存、管理、保养、维护物品的相关物流活动中所发生的各种费用,它是物流仓储活动所消耗的物化劳动和活劳动的货币表现。

2. _____是指已订购而未到货物的成本。

3. _____主要是指仓储物料的品种、规格等失调,以及仓储物料的各个品种之间仓储期限、仓储数量失调。

4. 按_____计算,仓储成本可分为仓储储存成本、仓储订货成本和缺货成本。

5. 通过_____,可揭示企业存在的问题,找出差距,对仓储产品进行准确定位,优化仓储经营管理,提高企业经济效益。

二、单项选择题

1. ( ) 是指花费在保存货物上的费用,除了包括仓储、残损、人工费用及保险和税收费用外,还包括库存物资占用资金的利息。
   A. 运输成本　　　　　　　　B. 库存费用
   C. 物流管理费用　　　　　　D. 委托物流费

2. 仓储成本与( )无关。
   A. 库存水平　　　　　　　　B. 仓储作业
   C. 仓库规划　　　　　　　　D. 搬运设备

3. 各类仓库作业所带来的成本属于( )。
   A. 人工成本　　　　　　　　B. 财务成本
   C. 运输成本　　　　　　　　D. 仓储成本

4. 下列可以创造时间效用的是( )
   A. 运输　　　　　　　　　　B. 流通加工
   C. 仓储　　　　　　　　　　D. 装卸搬运

5. 下列不属于仓储成本的费用是( )
   A. 流通加工费用　　　　　　B. 租赁仓库费用
   C. 使用公共仓库产生的费用　D. 建造自有仓库产生的费用

6. ( )也称利息费用或机会成本,是仓储成本中的隐性成本。如果该成本占用过多,则反映出企业失去了相应的盈利能力。
   A. 资本成本　　　　　　　　B. 储存空间成本
   C. 库存服务成本　　　　　　D. 存货风险成本

7. 一旦过了销售季节，时装就会迅速贬值；水果和蔬菜过了保鲜期的情况也时有发生。这属于存货持有成本中的（　　）。

　　A. 资本成本　　　　　　　　　　B. 储存空间成本

　　C. 库存服务成本　　　　　　　　D. 存货风险成本

8. 控制仓储成本时要注意国家利益、企业利益和消费者利益三者之间的协调，这体现了仓储成本管理中的（　　）原则。

　　A. 经济性　　　　　　　　　　　B. 全面性

　　C. 利益协调性　　　　　　　　　D. 例外管理

9. 在反映仓库生产成果数量的指标中，（　　）更能体现仓库空间的利用程度和流动资金的周转速度。

　　A. 存货周转率　　　　　　　　　B. 吞吐量

　　C. 库存量　　　　　　　　　　　D. 库存品种

10. 下列主要反映仓库保管和维护质量的指标是（　　）。

　　A. 收发正确率　　　　　　　　　B. 业务赔偿费率

　　C. 物品损耗率　　　　　　　　　D. 账实相符率

三、多项选择题

1. 仓储物流合理化的主要标志包括（　　）。

　　A. 质量　　　　　　　　　　　　B. 数量

　　C. 时间　　　　　　　　　　　　D. 结构

2. 仓储成本管理的原则包括（　　）。

　　A. 经济性原则　　　　　　　　　B. 全面性原则

　　C. 利益协调性原则　　　　　　　D. 例外管理原则

3. 仓储活动由其特点决定，经常存在冲减物流系统效益的趋势，主要原因是随着仓储活动规模的扩大，（　　）相应增加。

　　A. 固定费用支出　　　　　　　　B. 机会损失

　　C. 陈旧损失与跌价损失　　　　　D. 保险费支出

　　E. 进货、验收、保管、发货、搬运等项支出

4. 仓储成本主要包括（　　）。

　　A. 仓储持有成本　　　　　　　　B. 订货成本

　　C. 生产准备成本　　　　　　　　D. 缺货成本

　　E. 在途库存持有成本

5. 仓储持有成本主要包括（　　）。

　　A. 资金占用成本　　　　　　　　B. 仓储维护成本

　　C. 仓储运作成本　　　　　　　　D. 仓储风险成本

6. 下列关于缺货成本的说法，正确的是（　　　）。
   A. 指库存供应中断造成的损失
   B. 包括原材料供应中断造成的停工损失
   C. 包括产成品库存缺货造成的延迟发货损失
   D. 包括丧失销售机会的损失（还应包括商誉损失）

7. 仓储保管发生的费用较多，多数属于与仓库业务量有关的（　　　）。
   A. 混合成本　　　　　　　　B. 折旧成本
   C. 变动成本　　　　　　　　D. 固定成本

8. 仓储成本分析的作用包括（　　　）。
   A. 提高供给程度　　　　　　B. 降低库存成本
   C. 控制存货资金　　　　　　D. 快速响应

9. 用 ABC 分类法可分析出（　　　）。
   A. 主要材料　　　　　　　　B. 次要材料
   C. 一般材料　　　　　　　　D. 不合格材料
   E. 材料管理的重点

10. 下列关于物资管理中 ABC 分类法的描述，正确的是（　　　）。
    A. ABC 分类法主要考虑的因素包括物品的品种和占用的资金
    B. ABC 分类法主要考虑的因素包括物品的品种和数量
    C. ABC 分类法主要考虑的因素包括物品的品种和市场价格
    D. ABC 分类法主要分析物品管理的重点，对物品实行分类分级管理
    E. 从物品品种的数量上看，ABC 分类法的结果是：A>B>C

四、判断题（正确的画"√"，错误的画"×"）

1. 库存、储备与仓储之间的关系：仓储包含库存和储备；库存包含储备。（　　　）
2. 在现代物流领域，仓储被称作"调节阀"。（　　　）
3. 企业只对自有仓库计提折旧费。（　　　）
4. 科技进步造成的仓库等设备价值的减少，叫作有形损耗。（　　　）
5. 库存资金成本等于库存占用资金乘以相关收益率。（　　　）
6. 库存持有成本只包括那些随库存数量变动而变动的成本。（　　　）
7. 市场密度较大或供应商比较集中时，有利于修建自有仓库。（　　　）
8. 仓储成本是指与存货数量有关的成本。（　　　）
9. 随着库存周转率提高，库存持有成本不断降低。（　　　）
10. 在定量库存成本控制法下管理库存，应采用永续盘存制。（　　　）

五、计算题

1. 某物流公司设定 75% 的缺货导致延期交货，延期交货成本是 50 元；15% 的缺货导致失销，失销成本是 60 元；10% 的缺货导致失去客户，客户丧失成本是 120 元。请计算该物流公司总的缺货损失。

2. 某物流公司 2024 年的主营业务成本为 500 万元，年初库存总金额为 35 000 元，年末库存结余为 45 000 元，请计算该物流公司的库存周转次数及周转天数。

3. 某物流中心 A 货物的年需求量为 4 200 件，单价为 100 元/件，库存持有成本是单价的 25%，订购成本为 180 元/次，小批量运费为 3 元/件，大批量运费［500 件以上（含 500 件）］为 2 元/件，请分别计算每次订 360 件和每次订 520 件时的年库存总成本。

六、案例分析题

广厦物流股份有限公司是 S 市的一家综合型物流企业，主要提供安全、便捷和高效的综合物流服务。该公司在 S 市拥有完善的物流服务网络，依托先进的物流服务平台，业务范围覆盖 S 市及其周边区域，主要为客户提供仓储、市内配送等相关服务。广厦物流股份有限公司的库存商品清单如表 9-1 所示。

表 9-1　广厦物流股份有限公司的库存商品清单

货品条码	商品名称	单价/（元/件）	库存量/件
20200Y00009	《古代汉语词典》	40.00	66
20200S00012	《新华成语词典》	50.70	40
20200S00003	《英汉汉英词典》	34.30	56
20200S00007	《英汉大词典》	39.00	47
20200S00006	百岁山矿泉水（5升）	24.84	66
20200S00011	依云矿泉水（2.5升）	91.37	17
20200S00013	《中华成语词典》	19.80	59
20200Y00016	依云矿泉水（1.25升）	73.04	17
20200Y00002	《成语大词典》	19.80	42
20200Y00019	《英汉双解词典》	33.60	21
20200S00004	维他柠檬茶（2.5升）	33.69	25
20200Y00005	《成语大词典（彩色本）》	64.80	9
20200Y00018	《新华字典》	39.80	9
20200Y00010	恒大冰泉矿泉水（2.5升）	34.19	8
20200S00017	依云矿泉水（5升）	135.81	2
20200S00008	维他柠檬茶（250毫升）	2.50	35
20200Y00001	依能蓝莓黑水果味饮料（500毫升）	2.30	25
20200Y00015	维他灌装柠檬茶（310毫升）	3.30	12
20200Y00014	农夫山泉茶派柠檬红茶（500毫升）	5.00	2

请完成广厦物流股份有限公司库存商品的 ABC 分类，并谈谈三类产品的管理方式。

项目十 包装成本管理

 学习指导

一、请画出本项目的知识思维导图

二、本项目涉及的主要专业术语/名词

1. 包装成本
2. 移动加权平均法
3. 包装标准成本
4. 包装成本控制

同步训练

一、填空题

1. 包装材料的用量标准包括_____、_____和_____。
2. 包装人工费用的标准成本是指包装单位产品所需的_____乘以_____。
3. 包装成本主要包括_____、_____、_____、包装人工费用等。
4. 包装机械费用主要是指包装机械的_____和_____。
5. 包装技术固定费用是指_____，主要包括_____、_____以及_____。

二、单项选择题

1. 直接决定包装成本的核心因素是（　　）。
   A. 产品的市场定位（高端/大众）
   B. 包装材料的采购单价
   C. 品牌宣传的广告预算
   D. 销售渠道的选择（线上/线下）
2. 降低包装成本最直接有效的措施是（　　）。
   A. 减少包装的防震缓冲设计以节省材料
   B. 与供应商协商长期批量采购合同
   C. 增加包装上的产品信息说明以替代说明书
   D. 选择外观相似但质量略差的替代材料
3. 合适的包装物与包装方式可以减少货损货差的环节是（　　）。
   A. 入仓环节　　　　　　　　B. 库存环节
   C. 出仓环节　　　　　　　　D. 运输环节
4. 本月包装 A 产品 400 件，实际使用工时 1 000 小时，支付工资 7 000 元；包装单位产品的人工标准成本是 15 元/件，每件产品的标准工时是 3 小时。直接人工成本差异是（　　）。
   A. 1 000 元　　　　　　　　B. 1 200 元
   C. 1 800 元　　　　　　　　D. 1 650 元
5. 下列不是包装成本的主要项目的是（　　）。
   A. 材料成本　　　　　　　　B. 人工成本
   C. 机械成本　　　　　　　　D. 技术成本

6. 直接影响产品包装成本的因素包括（　　）。

　　A. 包装材料的市场价格

　　B. 产品的市场销售价格

　　C. 包装设计的复杂程度（如特殊形状、定制印刷）

　　D. 包装过程中的人工组装费用

　　E. 运输过程中因包装破损导致的产品损耗成本

7. 企业可采取的有效降低包装成本的方式包括（　　）。

　　A. 优化包装结构设计，减少材料用量

　　B. 采用标准化包装规格以提高批量采购折扣

　　C. 增加包装的防伪功能（如特殊油墨、芯片）

　　D. 选择环保但成本更高的可降解材料

　　E. 引入自动化包装设备以降低人工耗时

8. 若包装物损坏严重，则需要重新进行包装，即（　　）。

　　A. 改装　　　　　B. 修装　　　　　C. 换装　　　　　D. 拼装

9. 被称为生产物流的终点，同时也是社会物流的起点的物流活动是（　　）。

　　A. 运输　　　　　　　　　　　　B. 装卸搬运

　　C. 流通加工　　　　　　　　　　D. 包装

10. 采用托盘化物流的前提条件：一是（　　）与托盘规格一致；二是集装箱、车辆、货架等规格与托盘规格相吻合。

　　A. 包装规格　　　　　　　　　　B. 包装标志

　　C. 包装模数　　　　　　　　　　D. 包装术语

三、多项选择题

1. 包装的作用体现在（　　）。

　　A. 保护产品　　　　　　　　　　B. 回收利用

　　C. 方便储运　　　　　　　　　　D. 促进销售

2. 包装过剩指的是（　　）。

　　A. 包装容器的容积不足　　　　　B. 包装物强度设计过高

　　C. 包装材料水平选择过高　　　　D. 包装技术水平过高

3. 商品装潢即商品包装上的装饰，其使用目的在于（　　）。

　　A. 保护商品　　　　　　　　　　B. 方便运输

　　C. 说明、美化商品　　　　　　　D. 刺激消费者的购买需求

4. 托盘包装的平面尺寸有（　　）。

　　A. 1 200 毫米×1 000 毫米　　　　B. 1 140 毫米×1 000 毫米

　　C. 1 140 毫米×800 毫米　　　　　D. 1 140 毫米×1 140 毫米

5. 下列对简化包装所造成的效益背反现象的描述，正确的是（　　）。
   A. 保管效率上升　　　　　　　　B. 包装强度下降
   C. 搬运效率下降　　　　　　　　D. 破损率上升

6. 包装材料种类繁多，常见的有（　　）。
   A. 金属包装材料　　　　　　　　B. 玻璃包装材料
   C. 木制包装材料　　　　　　　　D. 纸和纸板
   E. 塑料包装材料

7. 填充包装类机械包括（　　）。
   A. 装箱机械　　　　　　　　　　B. 装盒机械
   C. 装袋机械　　　　　　　　　　D. 灌装机械
   E. 填充机械

8. 按现行会计制度规定，企业可以根据不同情况，采用（　　）计价。
   A. 先进先出法　　　　　　　　　B. 全月一次加权平均法
   C. 移动加权平均法　　　　　　　D. 后进先出法
   E. 全年一次加权平均法

9. 进行包装成本核算时，应计入直接成本的有（　　）。
   A. 直接用于包装产品的纸张费　　B. 包装车间的水电费
   C. 包装产品的工人工资　　　　　D. 包装机械的折旧费
   E. 特定包装项目使用的特殊胶带费用

10. 提高包装价值的途径包括（　　）。
    A. 功能不变，成本降低　　　　　B. 成本不变，功能增强
    C. 功能增强，成本降低　　　　　D. 适量增加成本，大幅增强功能
    E. 功能水平略有下降，成本大幅降低

四、判断题（正确的画"√"，错误的画"×"）

1. 要使体积一定的包装增大容量，可在商品排列上多做研究。提高容量有交错排列、套装排列等方法。　　　　　　　　　　　　　　　　　　　　　（　　）

2. 一般情况下，在增强功能的同时使成本有所下降，是不违反效益背反定律的。
　　　　　　　　　　　　　　　　　　　　　　　　　　　　　　　　（　　）

3. 有时为了满足消费者要求经济实惠的心理需求，降低一些次要功能的标准以降低成本，有利于销售。　　　　　　　　　　　　　　　　　　　　　（　　）

4. 工业包装与商业包装有时是一样的。　　　　　　　　　　　　　　　（　　）

5. 内包装一般属于运输包装。　　　　　　　　　　　　　　　　　　　（　　）

6. 对于数额不大的修理费用，可直接计入当期包装成本；对于数额较大的修理费用，也可直接计入当期包装成本。　　　　　　　　　　　　　　　　　（　　）

7. 包装技术分为商品包装技术和运输包装技术。　　　　　　　（　　）

8. 包装耗用的材料，除少量外购外，主要来自自制。　　　　　（　　）

9. 后进先出法是以先购入的材料先发出为假定前提，每次发出材料的单价，要按当前库存材料中最先购入的那批材料的实际单价计价。　　　　（　　）

10. 包装材料费用的标准成本是指包装单位产品所耗用的各种材料的标准用量与其材料标准价格的乘积之和。　　　　　　　　　　　　　　　（　　）

五、计算题

1. 某仓储中心到货 2 500 套商品，每套商品的外形尺寸是 40 厘米×50 厘米×60 厘米，外包装上的堆码极限标志为 5 包。请计算需要为该商品准备多少平方米的货位。

2. 某企业 2024 年 1 月存货中的 A 包装材料收入与发出资料如下：

（1）1 月期初结存数量为 500 件，单价为 10 元/件。

（2）1 月 5 日，发出存货 400 件。

（3）1 月 9 日，购进存货 200 件，单价为 11 元/件。

（4）1 月 13 日，发出存货 200 件。

（5）1 月 20 日，购进存货 500 件，单价为 12 元/件。

（6）1 月 28 日，发出存货 400 件。

根据上述资料，分别用先进先出法、月末一次加权平均法计算发出存货和月末结存存货的成本，计算过程及结果可分别列示于表 10-1 和表 10-2。

表 10-1　A 材料明细账（先进先出法）

2024 年		凭证编号	摘要	收入			发出			结存		
月	日			数量/件	单价/(元/件)	金额/元	数量/件	单价/(元/件)	金额/元	数量/件	单价/(元/件)	金额/元

表 10-2　A 材料明细账（月末一次加权平均法）

2024 年		凭证编号	摘要	收入			发出			结存		
月	日			数量/件	单价/(元/件)	金额/元	数量/件	单价/(元/件)	金额/元	数量/件	单价/(元/件)	金额/元

3. 某包装车间某月乙产品包装作业的相关资料如表 10-3 所示。试对乙产品包装成本差异按其成本项目做出分析，并将成本差异分析结果填入表 10-4。

表 10-3　乙产品包装成本资料

成本项目	用量名称	单位	数量	价格			标准成本/（元/件）	全部产品实际成本/元
				名称	单位	数量		
材料费用	标准用量	千克/件	4.5	标准价格	元/千克	6.0	—	85 888.0
人工费用	标准工时	小时/件	1.0	标准工资率	元/时	21.0	—	52 000.0
机械费用	标准工时	小时/件	1.0	标准分配率	元/时	0.9	—	2 280.0
包装技术费用	—	—	—	—	—	—	—	—
其中：变动费用	标准工时	小时/件	1.0	标准分配率	元/时	3.0	—	7 520.0
固定费用	标准工时	小时/件	1.0	标准分配率	元/时	5.5	—	13 700.0
包装成本	—	—	—	—	—	—	—	161 388.0

注：本月完成乙产品包装量 3 210 件，实际用工 3 200 小时，产能为 3 330 小时；单位产品材料实际用量为 4.4 千克/件。

表 10-4　产品包装成本差异分析汇总表　　　　　　　　　　单位：元

成本项目	实际成本总额	标准成本总额	成本差异（计算式与结果）		
			合计	用量（能量）差异	价格差异
材料费用					
人工费用					
机械费用					
包装技术费用			—	—	—
其中：变动费用					
固定费用					
合计					

4. 某物流企业同时购入两种包装材料，其中甲包装材料 710 张，单价为 70 元/张，乙包装材料 530 张，单价为 85 元/张，共发生运杂费等包装材料费用 930 元，运杂费按照材料的数量进行分配。假设不考虑增值税，请计算两种包装材料的实际采购成本。

5. 某物流企业某月包装甲产品 2 500 件，耗用 A 材料 14 000 千克，材料实际单价为 6 元/千克；A 材料的单位产品用量标准为 6 千克/件，每千克材料的标准价格为 5 元。试对 A 材料的成本差异进行分析。

6. 据表 10-5 给出的数据，计算甲产品的包装机械费用标准成本，并将计算结果填列于表内。

表 10-5　甲产品包装机械费用标准成本计算表

预算项目		数量
机械费用标准分配率的计算	月折旧费/元	16 000
	月维修费/元	500
	小计/元	
	每月标准工时预算总量/时	3 000
	机械费用标准分配率/（元/时）	
甲产品包装人工标准工时/（时/件）		4
甲产品包装机械费用标准成本/（元/件）		

7. 据表 10-6 给出的数据，计算甲产品的包装技术费用标准成本，并将计算结果填列于表内。

表 10-6　甲产品包装技术费用标准成本计算表

	月度预算项目	数量
甲产品包装技术变动费用成本标准的计算	内包装材料费/元	6 000
	其他费用/元	600
	小计/元	
	标准工时预算总量/时	3 300
	包装技术变动费用标准分配率/（元/时）	
	甲产品包装人工标准工时/（时/件）	1.5
	甲产品包装技术变动费用成本标准/（元/件）	
甲产品包装技术固定费用成本标准的计算	设计人员工资/元	10 000
	设计耗材费/元	3 000
	其他设计费用/元	200
	小计/元	
	标准工时预算总量/时	3 300
	包装技术固定费用标准分配率/（元/时）	
	甲产品包装人工标准工时/（时/件）	1.5
	甲产品包装技术固定费用成本标准/（元/件）	
甲产品包装技术费用成本标准/（元/件）		

六、案例分析题

CAMU 中国先进制造联合会再次举办了一场关于"控制包装成本"的主题研讨会。来自艾利公司、西门子公司、汤臣倍健、康乐宝（中国）公司以及广汽丰田公司的几位代表，在大会中做了精彩发言，分享了包装成本优化的案例与成果。以下是几位代表发言节选。

A 代表："近年来，由于企业上下游各环节成本因素的变化，包装成本持续上扬，毫不留情地蚕食着企业的利润空间。面对不可逆转的包装成本压力，企业必须考虑优化包装成本，提高利润。我们十分注重不同系列产品包装的通用性，包装通用性强，包材种类就会减少，包材批量采购价格就会低很多。"

B 代表："传统包装作业是以单机完成一道道工序，所需工人数量多，生产效率低的作业过程。我们引进自动化包装机后，成本大大缩减。正常工作的包装机，一般能节省 80% 的人工成本。每天包装产品的人工成本需要 1 000 元，使用包装机设备包装产品，自动化包装，机械设备操作，仅仅只要 200 元的成本，其中包括设备损耗成本，比如设备用电、维护成本等。"

C 代表："采用板纸包装，成本高低主要看重量，克重越低，企业包装材料成本就越低。我们将包装材料由单张灰底白板纸改为灰底白板纸、瓦楞和茶板纸组合的复合材料后，包装材料克重从最初的 350 克逐步降低到了 250 克，在控制成本方面收到很好的效果。"

华龙包装公司是华北地区最大的包装公司，其代表提出："控制成本、提高利润是企业的经营目标，我们也要关注包装使用者的需求是什么及包装的目的是什么，同时我们提倡设计包装时考虑包装回收使用或供应商回收利用包装的可能性。"

结合以上案例分析：

1. A、B、C 三位代表所在的企业分别是从哪方面进行成本控制的？

2. 降低包装成本的方法有哪些？

3. 华龙包装公司的成本控制有什么独特之处？

项目十一

装卸搬运成本管理

 学习指导

一、请画出本项目的知识思维导图

二、本项目涉及的主要专业术语/名词

1. 装卸搬运成本
2. 加速折旧法
3. 计件工资制
4. 装卸搬运成本控制

同步训练

一、填空题

1. 集装箱装卸搬运业务的成本计算单位通常为"_____"。
2. 装卸搬运业务成本项目包括_____和_____两类。
3. 计件工资的计算公式：应付计件工资 = _____ × _____。
4. 装卸搬运机械耗用的机油、润滑油，以及装卸搬运机械保修领用周转总成的价值，月终根据油料库的_____直接计入装卸搬运成本。
5. 影响折旧的因素主要有装卸搬运机械_____、_____、_____和_____。

二、单项选择题

1. 在一个既定的操作过程中，一吨货物不论经过几组工人或几部机械的操作，也不论搬运距离的远近、是否有辅助作业，（　　）。
   A. 均只计算为一个操作量
   B. 按实际操作次数计算操作量
   C. 按实际操作次数和距离的远近计算操作量
   D. 按实际操作次数、距离的远近和装卸搬运难易程度计算操作量

2. 生产流水线作业过程中的装卸搬运比较充分地体现了（　　）。
   A. 顺畅化原则　　　　　　　　B. 短距化原则
   C. 单元化原则　　　　　　　　D. 连续化原则

3. 企业装卸搬运按作业场所分类，可分成三类，不包括（　　）。
   A. 车间装卸搬运　　　　　　　B. 站台装卸搬运
   C. 过道装卸搬运　　　　　　　D. 仓库装卸搬运

4. 以下对装卸、搬运作业特点的描述，不正确的是（　　）。
   A. 对象复杂　　　　　　　　　B. 作业量小
   C. 作业不均衡　　　　　　　　D. 安全性要求高

5. 以叉车完成的装卸搬运作业，根据叉车自身作业的特点，应属于（　　）。
   A. 间歇式作业法　　　　　　　B. 连续式作业法
   C. 集装作业法　　　　　　　　D. 机械化作业法

6. 为了便于商品的销售，将大的货物单元改装成一定规格、数量少的货物单元的过程称为（　　）。
   A. 分装　　　　B. 改装　　　　C. 拼装　　　　D. 配装

7. 车辆配装时，应遵循（　　）原则。
   A. 重不压轻，后送后装　　　　　B. 重不压轻，后送先装
   C. 轻不压重，后送后装　　　　　D. 轻不压重，后送先装

8. 电视机等易碎、贵重的成件包装商品，可使用（　　）进行装卸搬运。
   A. 小型叉车　　　　　　　　　　B. 大型叉车
   C. 轮胎式起重机　　　　　　　　D. 轨道式起重机

9. 将商品置于集装单元器具内时，其装卸活性有所提高，被定为（　　）。
   A. 1级活性　　B. 2级活性　　C. 3级活性　　D. 4级活性

10. 目前作为装卸搬运作业的主流，以各种装卸搬运机械完成商品装卸搬运的作业方法是（　　）。
    A. 人工作业法　　　　　　　　　B. 集装作业法
    C. 机械作业法　　　　　　　　　D. 综合机械化作业法

三、多项选择题

1. 装卸搬运业务成本计算对象的设置原则是（　　）。
    A. 专营装卸搬运业务的企业、企业内部的装卸搬运部门，以及以运输业务为主同时经营装卸搬运业务的运输企业，可按机械装卸搬运作业和人工装卸搬运作业分别作为成本计算对象
    B. 以机械装卸搬运作业为主、人工作业为辅的作业活动，可不单独计算人工装卸搬运成本
    C. 以人工装卸搬运作业为主、机械装卸搬运作业为辅的作业活动，也可不单独计算机械装卸搬运成本
    D. 对于港口企业，为了加强成本管理，在采用综合的装卸搬运成本计算对象时，还可以分操作过程、分货种计算货物的装卸搬运成本
    E. 分操作过程、分货种计算货物的装卸搬运成本，应根据作业区生产的特点，正确地划分操作过程和货种；在货种之间分配各项费用时，须选择合理的分配标准

2. 由于装卸搬运成本计算对象为装卸搬运作业或货物，所以装卸搬运成本的计算单位应为装卸搬运作业或货物的计量单位。现实中装卸搬运作业或货物的计量单位并不具有单一性，可以是（　　）。
    A. 货物的包装单位或装卸搬运运输单元，如箱、桶、捆、垛、袋、车、托盘等
    B. 货物的质量单位，如吨、千吨、千操作吨
    C. 装卸搬运次数
    D. 货物的托运人
    E. 货物的到达地

3. 装卸搬运直接费用项目包括（　　）。
   A. 按规定支付给装卸搬运工人、装卸搬运机械司机的计时工资、计件工资、加班工资及各种工资性津贴
   B. 按装卸搬运工人工资总额和按规定比例计提的职工福利费
   C. 装卸搬运机械在运行和操作过程中所耗用的燃料、动力和电力费用
   D. 装卸搬运机械领用的外胎、内胎、垫带及其翻新和零星修补费用
   E. 对装卸搬运机械和装卸搬运工具进行维护与小修所发生的工料费用

4. 装卸搬运作业合理化体现为（　　）。
   A. 装卸搬运有效性
   B. 装卸搬运连续性
   C. 装卸搬运灵活性
   D. 装卸搬运单元化
   E. 物流整体性和装卸搬运省力化

5. 降低装卸搬运成本的主要途径有（　　）。
   A. 合理确定装卸搬运机械的拥有量，合理配备装卸搬运人员
   B. 加强装卸搬运设备日常维修保养，减少修理费用
   C. 减少装卸搬运作业量
   D. 认真安排装卸搬运工艺，合理调度指挥
   E. 科学制定各类消耗定额，按月考核奖惩

6. 按照装卸搬运的特点，可以把装卸搬运作业分为（　　）。
   A. 堆垛拆垛作业　　　　　　B. 危险品搬运作业
   C. 分拣配货作业　　　　　　D. 装卸搬运移动作业

7. 实现装卸搬运合理化要遵循的原则主要有（　　）。
   A. 省力化原则　　　　　　　B. 短距化原则
   C. 机械化原则　　　　　　　D. 单元化原则

8. 无效装卸搬运的做法包括（　　）。
   A. 过度的机械化装卸搬运　　B. 过多的装卸搬运次数
   C. 过度的包装装卸搬运　　　D. 无效物质的装卸搬运

9. 装卸、搬运作业的特点包括（　　）。
   A. 工作量小　　　　　　　　B. 对象复杂
   C. 作业量大　　　　　　　　D. 作业不均匀

10. 减少装卸作业的次数所带来的影响包括（　　）。
    A. 装卸费用增加　　　　　　B. 装卸作业量增加
    C. 减少货损货差　　　　　　D. 减少劳动消耗

四、判断题（正确的画"√"，错误的画"×"）

1. 装卸搬运活动是物流各项活动中出现频率最高的一项作业活动，装卸搬运活动效率的高低会直接影响物流整体效率。（   ）

2. 企业装卸搬运按操作特点不同基本上可以分为三类：堆码取拆作业、分拣配货作业、固定位置作业。（   ）

3. 企业装卸搬运按作业方式不同基本上可以分为两类：吊装吊卸法、滚装滚卸法。（   ）

4. 集装作业法是指先将货物化整为零再进行分批装卸搬运的方法。（   ）

5. 对于以机械装卸搬运作业为主、人工作业为辅的作业活动，可不单独计算人工装卸搬运成本。（   ）

6. 各类装卸搬运成本计算期，通常以月为单位，并按日历的月、季、年计算各种业务成本。（   ）

7. 港口企业的装卸搬运成本一般以千操作量（也称千操作吨）为成本计算单位。（   ）

8. 装卸搬运基层单位不计算完全成本时，该基层单位需要对成本费用进行设账处理。（   ）

9. 如果工人在同一月份内从事多种作业，作业计件单价各不相同，就须逐一计算相加。（   ）

10. 装卸搬运机械的大修理预提费用，可分别按预定的计提方法（如按作业量计提）计算，并计入装卸搬运成本。（   ）

五、计算题

1. 海美物流公司装卸搬运工小潘本月装卸搬运甲产品700个，每个定额工时是0.25小时；装卸搬运乙产品500个，每个定额工时是0.45小时，其装卸搬运每工时标准工资为6元。请计算小潘的计件工资。

2. 某装卸搬运设备原值为 180 000 元，预计残值为 6 000 元，预计使用年限为 7 年，采用年数总和法计提折旧。试计算该设备各年的折旧率与折旧额。根据计算出的各年年折旧率和固定资产应计提折旧总额 174 000（180 000-6 000）元，计算各年折旧额，填入表 11-1 内。

表 11-1　各年折旧额

年限	剩余年数	年数总和	年折旧率/%	年折旧额/元	累计折旧额/元
1					
2					
3					
4					
5					
6					
7					

3. 某物流企业有一台装卸搬运设备，原值为 40 000 元，预计使用年限为 6 年，预计净残值率为 4%，按年限平均法计算年折旧率和月折旧额。

4. 某物流企业有一台装卸搬运设备，原值为 292 600 元，预计净残值率为 3%，预计全部工作时间为 27 200 小时，本月统计表明该机器工作时间为 330 小时。试采用工作量法计算本月该机器的折旧额。

5. 海兰物流公司预计能量标准总工时为 4 000 小时，预计完成工量 700 件，单件标准工时为 5 时/件，机械费用总预算额为 8 000 元。本期发生费用如下：实际完成搬运量为 650 件，实际发生工时为 650 小时，机械费用发生额为 9 200 元。试计算其耗费差异和能量差异。

6. 某企业有一台装卸搬运机械，原值为 500 000 元，预计使用年限为 5 年，预计净残值率为 3%，试用双倍余额递减法和年数总和法计算各年折旧额。

六、案例分析题

装卸搬运费用在物流成本中所占的比例非常高，据统计，美国工业产品的生产过程中装卸搬运费用占成本的 20%—30%，德国企业物流搬运费用占营业额的 1/3，日本物料搬运费用占国内生产总值的 10.73%。由此可见，降低装卸搬运成本是降低物流费用的重要环节。

某企业的卸货是发生在仓库的，整个仓库是一个水平面，没有装卸平台，只有 2 个拖车、3 个手推车、150 个木质托盘，放置在货区固定的位置，用于放置单件货物到 10 件以下的货物；50 个铁制托盘，用于卸车时暂存货物或者码放 10 件以上的货物。

卸车工作由搬运工卸车组进行，卸车组一般由4—6名搬运工组成，卸车时，一人负责将车厢内堆码的货物逐件搬下，然后搬到车厢的后门或者侧门门口，其余的搬运工将货物从车厢上搬运到对应的货区，然后码放到货区指定的托盘上。卸车工作中并无明确分工，也无标准的操作规范及流程。

　　装货发生在仓库旁的空地，装车工作由搬运工装车组进行，装车组由两人组成，一名搬运工将需要装车的货物用手动叉车或手推车拉至车厢门的下方，然后将货物搬上车，另一名搬运工在车上码货。装车时无明确分工。

　　结合以上案例分析：

　　1. 该物流企业装卸搬运成本的影响因素有哪些？

　　2. 如何优化该企业的装卸搬运流程，以降低该物流企业的装卸搬运成本？

　　3. 做好装卸搬运工作的意义是什么？

配送成本管理

 学习指导

一、请画出本项目的知识思维导图

二、本项目涉及的主要专业术语/名词

1. 配送成本
2. 制造费用
3. 分拣成本
4. 流通加工成本
5. 配送成本控制

同步训练

一、填空题

1. 配送成本是指在配送活动的_____、储存、分拣、_____、_____、_____、送达服务及配送加工等环节中所发生的各项费用的总和。
2. 配送运输费用是指因从事_____而发生的各项费用。
3. 配送成本费用总额是由各个环节的总成本组成的，即"配送成本 = _____ + _____ + _____ + _____"。
4. 物流配送企业月末应编制配送运输成本核算表，以反映配送_____和_____。
5. 实施延迟策略常采用两种方式：_____和_____。

二、单项选择题

1. 配送作业的首要环节是（　　）。
   A. 进货　　　　B. 搬运　　　　C. 储存　　　　D. 盘点
2. 配送也是一种运输方式，是在（　　）。
   A. 大范围内的送货　　　　B. 局域范围内的送货
   C. 长距离的送货　　　　　D. 国际送货
3. 配送作业流程中存储之后的工作不包括（　　）。
   A. 进货　　　　　　　　　B. 拣选
   C. 送货　　　　　　　　　D. 配货
4. 配送能力质量指标不包括（　　）。
   A. 客户满意度　　　　　　B. 平均每人配送量
   C. 订单延迟率　　　　　　D. 平均配送费用
5. 在配送路线优化目标中，与成本不直接相关的目标是（　　）。
   A. 路程最短　　　　　　　B. 吨公里值最小
   C. 劳动消耗最少　　　　　D. 准时性最强
6. 下列关于物流配送企业标准成本的说法，正确是（　　）。
   A. 直接材料标准成本应根据物流服务直接材料的实际使用数量和物流直接材料的价格标准确定
   B. 直接人工标准成本＝标准工资×工人人数定额
   C. 标准成本就是成本的实际发生额
   D. 间接费用标准成本分为变动间接费用标准成本和固定间接费用标准成本

7. （　　）是衡量配送服务水平的重要指标。
   A. 配送准时率　　　　　　　　B. 车辆装载率
   C. 订单延迟率　　　　　　　　D. 车辆肇事率

8. 配装费用不包括（　　）。
   A. 配装材料费用　　　　　　　B. 配装人工费用
   C. 配装辅助费用　　　　　　　D. 分拣设备费用

9. 配送是物流系统的（　　）环节。
   A. 起始　　　　　　　　　　　B. 中间
   C. 终端　　　　　　　　　　　D. 以上答案均不正确

10. 配送中心配送的商品侧重（　　）。
    A. 单品种、大批量商品　　　　B. 单品种、小批量商品
    C. 多品种、小批量商品　　　　D. 多品种、大批量商品

三、多项选择题

1. 配装直接费用包括（　　）。
   A. 按规定支付的配装作业工人的标准工资、奖金、津贴
   B. 按规定的工资总额和提取标准计提的配装作业工人的职工福利费
   C. 配装过程中消耗的各种材料费用，如包装纸、箱、塑料等
   D. 配装过程中耗用的辅助材料费用，如标志、标签等
   E. 配装工人的劳保用品费等

2. 分拣费用包括（　　）。
   A. 分拣人工费用　　　　　　　B. 分拣设备费用
   C. 配送运输费用　　　　　　　D. 配装材料费用
   E. 流通加工材料费用

3. 配送成本控制对策包括（　　）。
   A. 混合策略　　　　　　　　　B. 差异化策略
   C. 合并策略　　　　　　　　　D. 延迟策略
   E. 标准化策略

4. 配送作业评价指标体系一般包括配送作业质量、作业成本、（　　）等方面。
   A. 作业效率　　　　　　　　　B. 作业安全
   C. 客户服务效果　　　　　　　D. 单证正确率

5. 在对货物进行拼装、配装时应特别注意（　　）。
   A. 货物的性质不能相互抵触　　B. 拼装、配装组合要经济合理
   C. 货物规格必须一致　　　　　D. 应为同一品牌货物
   E. 必须满足安全操作的需要

6. 配送具有的基本职能包括（　　）。
   A. 采购　　　　B. 存储　　　　C. 送货　　　　D. 订货
   E. 商品组配

7. 物流配送的重要作用包括（　　）。
   A. 有利于促进物流运动的社会化　　B. 有利于实现物流资源的合理配置
   C. 有益于开发和应用新技术　　　　D. 有利于创造社会整体效益
   E. 有利于提高用户满意度

8. 作为从事配送业务的物流场所或组织，配送中心应基本符合的要求包括（　　）。
   A. 主要为特定的用户服务　　　　B. 配送功能健全
   C. 具有完善的信息网络　　　　　D. 辐射范围小
   E. 多品种、小批量配送

9. 以下属于配送中心基本功能的有（　　）。
   A. 客户服务管理功能　　　　　　B. 流通加工功能
   C. 货物分拣功能　　　　　　　　D. 货品组配功能
   E. 运输服务管理

10. 按物流功能划分，配送中心可以分为（　　）。
    A. 销售型配送中心　　　　　　　B. 储存型配送中心
    C. 供应型配送中心　　　　　　　D. 加工型配送中心
    E. 流通型配送中心

四、判断题（正确的画"√"，错误的画"×"）

1. 配送计划是相对稳定的配送业务的长期计划。　　　　　　　　　　（　　）
2. 配送成本是指在配送活动的备货、储存、分拣、配货、配装、送货、送达服务及售后服务等环节中所发生的各项费用的总和。　　　　　　　　　　　　（　　）
3. 分拣人工费用是从事分拣工作的作业人员及有关人员的工资、奖金、补贴等费用的总和。　　　　　　　　　　　　　　　　　　　　　　　　　　（　　）
4. 流通加工材料费用是在流通加工过程中，从事加工活动的管理人员、工人及有关人员的工资、奖金等费用的总和。　　　　　　　　　　　　　　（　　）
5. 营运间接费用是指不能直接计入各类成本计算对象的费用。　　　（　　）
6. 物流配送企业月末应编制配送运输成本核算表，以反映配送总成本和单位成本。
　　　　　　　　　　　　　　　　　　　　　　　　　　　　　　　（　　）
7. 成本降低率=上年度实际单位成本×本期实际周转量−本期实际总成本（　　）
8. 配送成本分析的方法多种多样，具体选用哪种方法取决于企业成本分析的目的、费用，以及成本的特点、成本分析所依据资料的性质等。　　　　　（　　）

9. 配送产品数量和质量的增加会使配送作业量增大。但在一定的范围内，大批量的作业出于规模效应，往往使配送效率提高、成本增大。（　　）

10. 一旦接到订单就要快速反应，因此采用合并策略的一个基本前提是信息传递非常快。（　　）

五、计算题

1. 甲物流公司现有配送车辆7辆，7月的有关业务如下，试填写表12-1。

（1）工资表显示，司助人员的工资为54 000元，福利费为工资的14%。

（2）按单车统计资料，有关燃料的消耗报告中所列的数据为7辆车共消耗23 600升燃料，7月的实际价格为7元/升。

（3）该公司每月每车预提修理费500元，7月对7辆车进行维修，其中对 a 辆车进行了小修作业，修理费为1 800元，对 b 辆车进行了大修作业，维修费为8 200元。

（4）7月发生交通事故一起，无人员伤亡。责任认定结果为该公司车辆负全部责任：货物损失费700元，车辆修理费1 200元。保险公司按规定赔付1 000元。

（5）年初该公司支付本年度保险费共计32 400元。

（6）本月发生车队管理人员的工资性费用、办公费、差旅费等共计3 000元。

表12-1　甲物流公司的配送成本

项目	配送车辆7辆合计/元
车辆费用	165 025
工资及福利费	
燃料费	
轮胎费	1 200
修理费	
折旧费	1 550
行车事故损失	
保险费	
其他	515
营运间接费用	
配送运输总成本	

请写出以下费用计算过程：

工资及福利费 =

燃料费 =

修理费 =

行车事故损失 =

保险费 =

2. 某物流公司新购入某型配送运输车辆，原值为 250 000 元，预计使用期限为 6 年，预计大修理 2 次，每次大修理费为 24 300 元，该车型行驶里程定额为 540 000 公里，该营运车辆本月行驶里程为 3 800 公里。请分别按行驶里程和使用年限计算该营运车辆每月实际预提的大修理费。

3. 假设某物流公司建设一个配送中心有 P_1、P_2 两个地点可供选择，它们的有关情况评价（百分制）如表 12-2 所示。请选择该配送中心的合适建设地点。

表 12-2　P_1、P_2 两个地点的评价情况

考虑因素	权重系数	P_1 评价	P_2 评价
劳动成本	0.25	70	60
运输费用	0.20	50	60
教育健康	0.10	85	80
税收结构	0.35	75	70
资源和生产率	0.10	60	70

六、案例分析题

云通物流拥有一个建筑面积 1.6 万平方米、实用面积 1.2 万平方米的生鲜农产库，仓库设计容量 600 吨，设有香蕉催熟、多温带存储（常温存储、恒温 15 ℃—18 ℃、冷藏 0 ℃—5 ℃）、配送等业务。所有农产品在入库前都必须通过农残检测和品质检测，合格后方可收货入库。农产库拥有香蕉加工催熟库房 11 个，总面积为 508 平方米，每个加工库房的催熟量为 12 吨左右。目前的正常出货量为每天 15 吨，满负荷生产的连续每天可出货 24 吨。

"自营物流配送模式+三方物流配送模式"是云通物流沿用的配送模式，公司旗下冷链自有车涵盖 4.2 米冷链车至 9.6 米冷链车车型，主要承接湖南省步步高超市的生鲜农产品配送，以及物流淡季三方配送。在物流高峰期，如春节、"双十一"，三方业务主要采用三方承运商配送模式。步步高超市门店通过步步高供应链管理系统下单需要的生鲜农产品，随后信息被传输到云通物流生鲜仓库的 MA 系统，仓库信息员通过云通 MA 系统生成生鲜出库波次，生鲜农产库拣货人员通过 RF 拣货枪获取拣货信息进行拣货、发货，同时生鲜波次信息会被传输到运输部，生鲜调度中心据生鲜波次生成派车单，进行派车，最后生鲜配送人员将生鲜农产品运输至门店。在湖南省范围内，云通物流拥有两个生鲜仓库：一个是邵阳生鲜农产品分仓，另一个是位于湘潭的中心生鲜农产品冷链中心仓；拥有 1.6 万平方米的物流基础设施面积，采用自营配送模式。这能大大缩短存货周转时间，节省周转时间，提升货运的即时性，使客户的购物体验和满意度得到了保证，竞争力也随之提升。

但云通物流生鲜农产品的配送成本控制也存在以下问题。

1. 人力成本不合理

配送人员成本和装卸成本过高是人工成本不合理的主要影响因素。生鲜配送人员缺乏专业的物流专业知识，配送路径的选择完全依靠自己固有的经验，且司机出于自身考虑，为节约油费，并没有沿着公司规划的路线进行配送，导致生鲜农产品送货延误，进而导致生鲜农产品货损，造成成本上升。

2. 生鲜农产品自身损耗成本高

生鲜农产品具有易腐、易烂的显著特点，在配送过程中会面临不可避免的磕碰、闷热、挤压等问题，完整度及新鲜度会下降，造成产品自身的损耗。其配送流程需要严格的储存条件以实现冷链控制，从采购到取货再到配送的整个过程都需要实现低温控制，对于同样的配送距离、配送货量，采用冷链物流运输会大幅增加物流成本。

3. 不合理的配送路径选择造成配送成本高

云通物流在生鲜农产品配送路径的选择方面比较随意，主要依靠司机的经验，配送效率不高，造成不必要的配送成本增加。车辆配送路径的规划与配送过程中客户对生鲜农产品的需求密切相关。如何尽可能在一条路径上对有所区别的需求进行合理的安排是需要解决的问题。要对车辆的安排及车辆能否来回行驶进行合理的规划。

4. 缺乏完善的成本核算系统

云通物流在实际的物流成本核算中，由于没有统一的标准，因此没有科学有效的物流成本核算体系。此外，物流成本核算没有单独的科目设置。粗略归集和模糊核算是物流配送成本控制方面存在的重大问题。

结合以上案例分析：

1. 云通物流可以采取哪些措施来进行生鲜农产品配送的成本控制？

2. 云通物流可以实施什么在一定服务水平下使配送成本最低的配送成本控制对策？

3. 为什么不能仅仅依靠生鲜农产品配送人员的固有经验来安排和规划配送路径？

参 考 答 案

项目一　物流成本管理概述

【同步训练】

一、填空题

1. 普遍性　2. 第二次世界大战　3. "第三利润源"；西泽修　4. 物流成本；服务水平　5. 第三产业

二、单项选择题

1. D　2. C　3. A　4. A　5. B　6. B　7. D　8. B　9. B　10. A

三、多项选择题

1. ABC　2. ABCDE　3. ABCDE　4. ABD　5. BC　6. ACD　7. CD　8. ABC　9. AB　10. ABCD

四、判断题

1. ×　2. ×　3. ×　4. √　5. √　6. ×　7. ×　8. ×　9. √　10. √

五、计算题

1. 答：物流总成本＝运输成本＋存货持有成本＋物流行政管理成本
　　　　　　　　＝0.9＋0.4＋(0.9＋0.4)×4%
　　　　　　　　＝1.352（亿美元）
　美国该年度物流总成本占国内生产总值的百分比＝美国物流总成本/美国国内生产总值×100%＝1.352/16×100%＝8.45%

2. 答：固定成本＝折旧费＋行政管理费＝5 000＋1 200＝6 200（元）
　　　变动成本＝原材料费＋直接人工费＋燃料和动力费＋维修费＋间接人工费
　　　　　　＝12 000＋6 800＋2 400＋1 200＋2 500＝24 900（元）

3. 答：选择甲供应商的物资费用估计＝600×(310＋7)＋150＝190 350（元）
　　　选择乙供应商的物资费用合计＝600×(340＋7.5)＋250＝208 750（元）
　从成本角度考虑，应选择甲供应商作为该物资采购的供应商。

六、案例分析题

案例一答案要点：

1. 沃尔玛的网络化和规模化经营依赖于其高效、低成本的物流运作体系，而其高效、低成本的物流运作体系的建立基础包括：（1）集约化储存和配送；（2）高效运输安排，包括利用铁路和返程车辆运输；（3）规模化和标准化运作；（4）充分利用先进的物流技术，实现自动化和信息化。

2. 启示：（1）物流是流通的重要内容，物流成本是流通成本的关键构成部分；（2）高效的物流运作是很多企业特别是连锁物流企业的核心竞争力；（3）高效物流运作依赖于先进的物流技术。

案例二答案要点：

1. （1）物流成本管理目标明确。为了将啤酒销往日本进行总成本管理，在物流成本方面形成了明确的目标，在保证啤酒新鲜度的前提下，实现物流总成本的降低，从而提升自身在日本市场的竞争力。（2）进行物流成本的分类控制。物流成本是由多个方面的成本构成的，要有效降低物流成本，就要认真分析物流成本的构成，并针对不同情况采取不同方法。布鲁克林酿酒厂把物流总成本分为运输成本、时间成本和包装成本等，并分别采取了控制方法，实现了预期目标。（3）把物流成本管理与企业营销和市场拓展战略有机结合起来，建立一个物流成本管理的标准系统和控制体系。

2. 启示：（1）从认识层面讲，任何企业都可以把物流成本管理问题纳入企业生产经营过程来进行战略性思考，企业的市场竞争力包含了对物流成本的重新确认和有效控制；（2）从方法层面讲，物流成本管理需要有明确的目标及分类控制方法，并能从供应链体系方面进行示例，同时不断进行创新和发展。

项目二　物流成本核算

【同步训练】

一、填空题

1. 一致性　2. 归集与分配　3. 辅助账户制　4. 作业消耗资源，产品消耗作业　5. 成本动因

二、单项选择题

1. B　2. D　3. C　4. C　5. C　6. A　7. D　8. C　9. C　10. B

三、多项选择题

1. ABCDE　2. ABCDE　3. ABCD　4. ABCD　5. BCD　6. ABC　7. BCD　8. ABCD　9. ABCD　10. ABD

四、判断题

1. ×　2. √　3. √　4. ×　5. ×　6. ×　7. √　8. ×　9. ×　10. √

五、计算题

1. 答：直接人工的实际成本 = 6 000×0.7 = 4 200（元）

直接人工的标准成本=1 550×4×0.8=4 960（元）

直接人工成本差异=直接人工的实际成本-直接人工的标准成本

=4 200-4 960=-760（元）

直接人工工资率差异=6 000×(0.7-0.8)=-600（元）

直接人工效率差异=(6 000-1 550×4)×0.8=-160（元）

2. 答：(1) A产品的定额工时=15/60×14 000=3 500（小时）

B产品的定额工时=18/60×10 000=3 000（小时）

C产品的定额工时=12/60×13 500=2 700（小时）

工资费用分配率=23 000/(3 500+3 000+2 700)≈2.5

A产品应负担的工资费用=2.5×3 500=8 750（元）

B产品应负担的工资费用=2.5×3 000=7 500（元）

C产品应负担的工资费用=2.5×2 700=6 750（元）

(2) 借：生产成本—基本生产成本—A产品（直接人工） 8 750

—B产品（直接人工） 7 500

—C产品（直接人工） 6 750

生产成本—辅助生产成本—锅炉车间 4 000

—制造费用—基本生产车间 1 500

—管理费用 2 600

—福利费 820

贷：应付职工薪酬—工资 31 920

(3) 借：生产成本—基本生产成本—A产品（直接人工） 1 225

—B产品（直接人工） 1 050

—C产品（直接人工） 945

生产成本—辅助生产成本—锅炉车间 560

—制造费用—基本生产车间 210

—管理费用 478.8

贷：应付职工薪酬—福利费 4 468.8

3. 答：

(1) 传统成本计算法：

① 计算自制单位成本：自制单位成本由直接材料费用、直接人工费用和变动制造费用构成。已知直接材料单位成本为0.7元，直接人工单位成本为2.6元，变动制造费用单位成本为2.5元，则自制单位成本 $C_{自制-传统}$ =0.7+2.6+2.5=5.8（元）。

② 计算自制总成本：考虑到设备年租金为45 000元，每年需要零部件10 000件，自制总成本 $TC_{自制-传统}$ =5.8×10 000+45 000=103 000（元）。

③ 计算外购总成本：外购单价为9.7元，每年需要10 000件，外购总成本

$TC_{外购-传统} = 9.7 \times 10\,000 = 97\,000$（元）。

④ 决策：因为 $TC_{自制-传统} > TC_{外购-传统}$，所以从传统成本计算法来看，应选择外购。

（2）作业成本计算法：

① 计算各项作业成本：

装配作业成本 $= 26.23 \times 800 = 20\,984$（元）

材料采购作业成本 $= 10 \times 600 = 6\,000$（元）

物料处理作业成本 $= 70 \times 120 = 8\,400$（元）

启动准备作业成本 $= 0.2 \times 200 = 40$（元）

质量控制作业成本 $= 22.15 \times 100 = 2\,215$（元）

产品包装作业成本 $= 24 \times 20 = 480$（元）

② 计算作业成本计算法下的单位零部件作业成本：

作业成本总和 $= 20\,984 + 6\,000 + 8\,400 + 40 + 2\,215 + 480 = 38\,119$（元）

单位零部件作业成本 $C_{作业-单位} = 38\,119/10\,000 = 3.811\,9$（元）

③ 计算作业成本计算法下的自制单位成本：

作业成本计算法下的自制单位成本由直接材料费用、直接人工费用、变动制造费用和单位作业成本构成。直接材料单位成本为 0.7 元，直接人工单位成本为 2.6 元，变动制造单位成本为 2.5 元，单位作业成本为 3.811 9 元。

自制单位成本 $C_{自制-作业} = 0.7 + 2.6 + 2.5 + 3.811\,9 = 9.611\,9$（元）

④ 计算作业成本计算法下的自制总成本：

自制总成本 $TC_{自制-作业} = 9.611\,9 \times 10\,000 + 45\,000 = 141\,119$（元）。

⑤ 计算作业成本计算法下的外购总成本：

外购单价为 9.7 元，每年需要 10 000 件，外购总成本 $TC_{外购-作业} = 9.7 \times 10\,000 = 97\,000$（元）

⑥ 决策：因为 $TC_{自制-作业} > TC_{外购-作业}$，所以从作业成本计算法来看，应选择外购。

所以，无论是在传统成本计算法下还是在作业成本计算法下，均应选择外购零部件。

六、案例分析题

答案要点：

（1）运输调度合理化。运输优化，方式选择合理。（2）加强人工管理。劳动定额管理，减少作业环节。（3）加强仓库管理。合理安排仓位，减少装卸搬运量，建立机动库、高峰库。（4）合理进货。尽可能地提高商品周转率。（5）建立客户意见箱。根据客户要求订货可减少库存。

项目三 物流成本预测与决策

【同步训练】

一、填空题

1. 成本预测 2. 物流成本指标 3. 一次指数平滑法；二次指数平滑法；三次指数平滑法 4. 管理；计划工作；执行 5. 奥斯本

二、单项选择题

1. B 2. D 3. B 4. D 5. A 6. D 7. C 8. A 9. A 10. A

三、多项选择题

1. ABCDE 2. ACDE 3. ABCDE 4. CDE 5. ABCE 6. ACD 7. ACD 8. AB 9. BCD 10. AB

四、判断题

1. × 2. √ 3. √ 4. × 5. √ 6. √ 7. √ 8. √ 9. × 10. √

五、计算题

1. 答：6月的需求量 = 70×0.5+64×0.25+70×0.25 = 68.5（吨）

2. 答：2025年煤炭需用量 = 20/16×1×（1−2%）= 1.225（万吨）

3. 答：采用3个月移动平均法，得到相关数据如表0-3-1所示。

表0-3-1 3个月移动平均法预测结果

时间	t-时序	实际销售量/辆	3个月移动平均
2024年1月	1	53	
2024年2月	2	46	
2024年3月	3	28	
2024年4月	4	35	42
2024年5月	5	48	36
2024年3月	6	50	37
2024年7月	7	38	44
2024年8月	8	34	45
2024年9月	9	58	41
2024年10月	10	64	43
2024年11月	11	45	52
2024年12月	12	42	56

2025年1月健身动感单车销售量预测 $Q_1 = (S_{10}+S_{11}+S_{12})/3 = (64+45+42)/3 \approx 50.33$(辆)

2025年2月健身动感单车销售量预测 $Q_2 = (S_{11}+S_{12}+Q_1)/3 = (45+42+50.33)/3 \approx 45.78$(辆)

2025年3月健身动感单车销售量预测 $Q_3 = (S_{12}+Q_1+Q_2)/3 = (42+50.33+45.78)/3 \approx 46.04$(辆)

2025年第一季度健身动感单车销售量预测 $Q = Q_1+Q_2+Q_3 = 50.33+45.78+46.04 = 142.15$（辆）

4. 答：下一季度的销售额预测值 $Y_t = \alpha X_{t-1} + (1-\alpha)Y_{t-1} = 0.1 \times 6\,500 + (1-0.1) \times 6\,000 = 6\,050$(万元)

5. 答：(1) 保利点业务量 $= \dfrac{200\,000+150\,000}{200-200\times 3\%-150} \approx 7\,954.55$(千吨公里)

(2) 保利点变动成本 $= [(200-200\times 3\%) \times 7\,500 - 200\,000 - 150\,000]/7\,500 \approx 147.33$[元/(千吨公里)]

需要降低的变动成本为 $150-147.33 = 2.67$(元/千吨公里)

6. (1) 计算自变量 x（人工小时）和因变量 y（物流包装成本）的均值：$\bar{x} = 5\,220/12 = 435$，$\bar{y} = 4\,207/12 \approx 350.58$。相关计算结果如0-3-2所示。

表0-3-2 自变量和因变量计算结果

月份	x_i	y_i	$x_i y_i$	y_i^2	x_i^2
1	490	376	184 240	141 376	240 100
2	470	357	167 790	127 449	220 900
3	390	340	132 600	115 600	152 100
4	430	335	144 050	112 225	184 900
5	370	315	116 550	99 225	136 900
6	495	360	178 200	129 600	245 025
7	410	346	141 860	119 716	168 100
8	405	358	144 990	128 164	164 025
9	420	361	151 620	130 321	176 400
10	450	333	149 850	110 889	202 500
11	385	357	137 445	127 449	148 225
12	505	369	186 345	136 161	255 025
合计	5 220	4 207	1 835 540	1 478 175	2 294 200

(2) 为判断 x 与 y 之间是否存在着线性联系，应计算相关系数 r。(相关系数，也称相关性系数，是指用来描述两个变量之间线性关系强弱程度的统计指标。其取值范围为-1到1，其中：1表示完全正相关，即两个变量完全线性正相关；-1表示完

全负相关，即两个变量完全线性负相关；0 表示不相关，即两个变量之间不存在线性关系。通常系数绝对值越接近 1，相关性越强。）

$$r = \frac{\sum_{i=1}^{12} x_i y_i - 12\bar{x}\bar{y}}{\sqrt{\left(\sum_{i=1}^{12} x^2 - 12\bar{x}^2\right)\left(\sum_{i=1}^{12} y^2 - 12\bar{y}^2\right)}}$$

$$r = \frac{1\,835\,540 - 12 \times 435 \times 350.58}{\sqrt{(2\,294\,200 - 12 \times 435^2)(1\,478\,175 - 12 \times 350.58^2)}}$$

$$\approx \frac{5\,512.4}{8\,804.864\,29}$$

$$\approx 0.626\,1$$

根据前述的判断标准，可以判定 x 与 y 之间呈显著相关。

(3) 建立回归直线方程：$y = a + bx$

$$a = \frac{\sum_{i=1}^{12} x^2 \times \bar{y} - \bar{x} \sum_{i=1}^{12} x_i y_i}{\sum_{i=1}^{12} x^2 - 12\bar{x}^2}$$

$$= \frac{2\,294\,200 \times 350.58 - 435 \times 1\,835\,540}{2\,294\,200 - 12 \times 435^2}$$

$$= \frac{5\,840\,736}{235\,00}$$

$$\approx 248.54$$

$$b = \frac{\sum_{i=1}^{12} x_i y_i - 12\bar{x}\bar{y}}{\sum_{i=1}^{12} x^2 - 12\bar{x}^2}$$

$$= \frac{1\,835\,540 - 12 \times 435 \times 350.58}{2\,294\,200 - 12 \times 435^2}$$

$$= \frac{5\,512.4}{23\,500}$$

$$\approx 0.23$$

所以，$Y = a + bx = 248.54 + 0.23x$。

(4) 预测各月的物流包装成本：设该车间 2025 年第一季度的人工小时预计分别为 511 小时、502 小时、496 小时，则

1 月物流包装成本预测值 = 248.54 + 0.23 × 511 = 366.07（元）

2 月物流包装成本预测值 = 248.54 + 0.23 × 502 = 364（元）

3月物流包装成本预测值=248.54+0.23×496=362.62（元）

故该车间2025年第一季度的物流包装成本为1 092.69元。

六、案例分析题

答案要点：

1. 影响因素：（1）取得成本；（2）储存成本；（3）缺货成本；（4）运输时间。

2. 物流企业的仓储成本分析，应该从取得成本、储存成本、缺货成本三个方面进行。

3. （1）需求量经常会发生变化，交货出于各种原因也可能延误。这些不确定因素的存在要求企业持有一定的保险储备，以避免延误、存货短缺等造成的损失。（2）需要在存货短缺造成的损失和保险储备的储存成本之间做出权衡，使总成本达到最低，并利用总成本计算公式计算出最佳保险储备。

项目四　物流成本预算

【同步训练】

一、填空题

1. 货币形式　2. 固定成本；物流成本预算　3. 增量预算　4. 定期预算

5. 永续预算

二、单项选择题

1. B　2. A　3. D　4. D　5. C　6. A　7. B　8. D　9. D　10. D

三、多项选择题

1. ABD　2. BD　3. ABCD　4. ABCD　5. ABC　6. BCD　7. AC　8. AC　9. ABCD　10. AC

四、判断题

1. √　2. √　3. ×　4. ×　5. √　6. √　7. √　8. ×　9. ×　10. √

五、计算题

1. 答：固定成本 F=70 000+30 000=100 000（元/年）

成本 V=原材料费+人工费+变动成本=20+8+6+6=40（元/件）

若利润目标 P 为60 000元，产品流通加工单价 S 为60元，则流通加工量 Q=$(P+F)/(S-V)$=(60 000+100 000)/(60-40)=8 000（件/年）

若企业的最大流通加工量 $Q_{最大}$ 为7 000件/年，则其最大利润 P=$(S-V)\times Q_{最大}$-F=(60-40)×7 000-100 000=40 000（元）

2. 答：目标利润=600×1×16%=96（万元）

目标总成本=营业收入-目标利润=600×1-96=504（万元）

目标单位成本＝目标总成本/作业量＝504/600＝0.84（元/吨公里）

3. 答：成本—效益分析的比例表示每投入1元所获得的效益，即广告费效益比例为9∶1，比例越大，说明投入相同的金额能获得的效益越高。不可避免费用为办公费、租金、财产税。可分配资金＝总资金－不可避免费用。

根据成本效益分析，对费用进行排序：

可用资金＝25 000－3 000－5 000－6 000＝11 000（元）

分配比例：广告费＝9/(9+5+4+3)≈0.43

培训费＝5/(9+5+4+3)≈0.24

差旅费＝4/(9+5+4+3)≈0.19

研发费＝3/(9+5+4+3)≈0.14

分配资金：广告费＝11 000×0.43＝4 730（元）

培训费＝11 000×0.24＝2 640（元）

差旅费＝11 000×0.19＝2 090（元）

研发费＝11 000×0.14＝1 540（元）

预算资金分配如表0-4-1所示。

表0-4-1 预算资金分配表

项目	初步预计/元	可用资金/元	分配比例	分配资金/元	差异/元
广告费	9 000		0.43	4 730	－4 270
培训费	6 000		0.24	2 640	－3 360
差旅费	3 000		0.19	2 090	－910
研发费	5 500		0.14	1 540	－3 960
合计	23 500	11 000	1.00	11 000	－12 500

4. 答：

（1）求概率：

日销40箱的概率：30/(30+50+20)＝0.3

日销50箱的概率：50/(30+50+20)＝0.5

日销60箱的概率：20/(30+50+20)＝0.2

（2）编制决策的收益表（表0-4-2）：

表0-4-2 收益表

日销量/箱		收益值/元		
		40	50	60
进货量	40	2 000	2 000	2 000
	50	1 500	2 500	2 500
	60	1 000	2 000	3 000

（3）求期望值：

日销 40 箱的期望值：0.3×2 000+0.5×2 000+0.2×2 000＝2 000（元）

日销 50 箱的期望值：0.3×1 500+0.5×2 500+0.2×2 500＝2 200（元）

日销 60 箱的期望值：0.3×1 000+0.5×2 000+0.2×3 000＝1 900（元）

（4）决策：

日销 50 箱的期望收益最高，所以选择日销 50 箱。

六、案例分析题

答案要点：

运输成本弹性预算表（表 0-4-3）编制如下：

表 0-4-3 某运输企业 2025 年度自营运输成本弹性预算表

项目		单位变动成本/（元/吨公里）	费用预算/万元				
			210万吨公里	230万吨公里	250万吨公里	270万吨公里	290万吨公里
变动运输费用	燃料费用	0.80	168.00	184.00	200.00	216.00	232.00
	维修费用	0.50	105.00	115.00	125.00	135.00	145.00
	轮胎费用	0.60	126.00	138.00	150.00	162.00	174.00
	其他费用	0.45	94.50	103.05	112.50	121.50	130.50
	小计	2.35	493.50	540.05	587.50	634.50	681.50
固定运输费用	折旧费用	—	5.50	5.50	5.50	5.50	5.50
	管理费用	—	3.20	3.20	3.20	3.20	3.20
	其他费用	—	3.30	3.30	3.30	3.30	3.30
	小计	—	12.00	12.00	12.00	12.00	12.00
合计		—	505.50	552.05	599.50	646.50	693.50

实际上，该公司 2025 年度自营运输成本的预算也可用公式法表示为

$$Y=(5.5+2.2+3.2+1.1)+(0.8+0.5+0.6+0.45)x=12.00+2.35x \text{（万元）}$$

项目五 物流成本控制

【同步训练】

一、填空题

1. 掌舵术　2. 事中控制；控制事后　3. 实事求是；弹性物流成本预算　4. 责；权；利　5. 物流工资率标准

二、单项选择题

1. A 2. B 3. C 4. D 5. D 6. B 7. D 8. D 9. C 10. B

三、多项选择题

1. ABCD 2. ABE 3. ABCDE 4. ABCD 5. ABCDE 6. ABCE 7. BCD 8. BCD
9. ABC 10. ABC

四、判断题

1. √ 2. √ 3. √ 4. × 5. √ 6. √ 7. × 8. √ 9. × 10. √

五、计算题

1. 答：商品年度平均库存额 = 年度计划销售额/商品行业标准周转率
　　　　　　　　　　　= 6 000/15 = 400（万元）

　　库存周转时间 = 365/15 ≈ 24.3（天/次）

因此，预算结果是该企业的年度平均库存额不应超过400万元，大约24.3天周转一次。（一般来说，选择360天还是365天可根据企业的具体情况和行业惯例来决定）

2. 答：订购点 = 平均需求速度×交货期+安全库存量
　　　　　= 1 500×3+200 = 4 700（件）

因此，该企业的订购点应设为4 700件。

若交货期缩短到2周，订购点 = 1 500×2+200 = 3 200（件）

3. 答：

（1）计算经济订购量（最佳订购数量）：

经济订购量的计算公式为 $Q=\sqrt{\dfrac{2DS}{H}}$，其中 D 是年需求量，S 是每次订购成本，H 是单位商品年持有成本。

已知 $D=1\ 000$ 单位，$S=10$ 美元，$H=0.5$ 美元，将数值代入公式可得：

$$Q=\sqrt{\dfrac{2\times 1\ 000\times 10}{0.5}}=\sqrt{40\ 000}=200（单位）$$

（2）计算订购点：

首先计算日需求量，年需求量为1 000单位，通常采用360天的年度天数，而不是365天。在进行库存管理时，为了简化计算和避免因实际天数差异带来的微小误差，通常将一年视为360天。

日需求量 $d=D/360=1\ 000/360\approx 2.78$（单位）

订购点的计算公式为 $ROP=d\times(L+SS)$，其中 L 是订购运输时间，SS 是安全库存天数。

已知 $L=7$ 天，$SS=3$ 天，$d\approx 2.78$ 单位，则订购点 $ROP=2.78\times(7+3)=2.78\times 10\approx 28$（单位）。

故每次订购的最佳数量为220单位，订购点约为28单位。

4. 答：

（1）明确相关公式：

经济订货量 $Q = \sqrt{\dfrac{2DS}{H}}$，其中 D 是年需求量，S 是每次订货成本，H 是单位产品年持有成本。

已知年持有成本率相当于单价的 25%，单价 $P = 3.5$ 元，那么单位产品年持有成本 $H = 3.5 \times 25\% = 0.875$（元）。年需求量 D 为 3 000 个单位，每次订货成本 S 为 26 元。

（2）计算经济订货量：

$$Q = \sqrt{\dfrac{2DS}{H}} = \sqrt{\dfrac{2 \times 3\,000 \times 26}{0.875}} \approx 422.24 \text{（单位）}$$

（3）计算最优检查间隔期 t：

一年按 360 天计算，最优检查间隔期 $t = \dfrac{Q}{D} \times 360 = \dfrac{422.24}{3\,000} \times 360 = 50.669$（天）

六、案例分析题

答案要点：

关键在于控制数量，实现准确供货。做饺子的数量较难掌握。做少了，有时顾客来买无货，也来不及现做；做多了，就会有剩余。这是波动的需求和有限的生产能力之间的冲突。大型企业通常会提高生产柔性去适应瞬息万变的市场需求。可是，对于经营规模有限的小店来说，要做到这一点太难。可以想办法调整顾客的需求以匹配有限的生产能力，即平衡物流。比如，用餐高峰期大概是 12:00—13:00 和 19:00—20:00 这两个时段，小王可选择在 11:00—11:45 和 18:00—18:45 这两个时段推出九折优惠活动，吸引部分对价格比较敏感的顾客，有效分散需求。

项目六　物流成本分析

【同步训练】

一、填空题

1. 定量分析；定性分析　2. 某一经济指标变动　3. 经营风险；财务风险　4. 绝对数比较；相对数比较　5. 差额分析法

二、单项选择题

1. C　2. D　3. A　4. A　5. C　6. C　7. D　8. C　9. A　10. C

三、多项选择题

1. ABD　2. AC　3. ADE　4. ABCE　5. ABDE　6. ABCD　7. ABE　8. ABCD

9. ABCD 10. ABCDE

四、判断题

1. √ 2. × 3. × 4. √ 5. × 6. √ 7. √ 8. √ 9. × 10. √

五、计算题

1. 答：计划成本 $N_1 = 1 \times 150 \times 500 = 75\,000$（元）

   实际成本 $N_2 = 1.1 \times 148 \times 520 = 84\,656$（元）

   实际成本与计划成本的差额 $= N_2 - N_1 = 9\,656$（元）

   第一次替代：以用量替代，则 $N_3 = 1 \times 148 \times 500 = 74\,000$（元）

   用量的影响值 $= 74\,000 - 75\,000 = -1\,000$（元）

   第二次替代：以物流服务次数替代，则 $N_4 = 1 \times 148 \times 520 = 76\,960$（元）

   物流服务次数变动的影响值 $= 76\,960 - 74\,000 = 2\,960$（元）

   第三次替代：以单价替代，则 $N_2 = 1.1 \times 148 \times 520 = 84\,656$（元）

   单价变动的影响值 $= 84\,656 - 76\,960 = 7\,696$（元）

   综合影响值 $= (-1\,000) + 2\,960 + 7\,696 = 9\,656$（元）

2. 答：计划直接人工费用 $= 20 \times 2 = 40$（元）

   实际直接人工费用 $= 18 \times 2.5 = 45$（元）

   计划直接人工费用与实际直接人工费用的差额 $= 45 - 40 = 5$（元）

   工时差额 $= 18 - 20 = -2$（小时）

   工时差额对直接人工费用的影响值 $= (-2) \times 2 = -4$（元）

   每小时工资差额 $= 2.5 - 2 = 0.5$（元）

   每小时工资差额对直接人工费用的影响值 $= 0.5 \times 18 = 9$（元）

   综合影响值 $= -4 + 9 = 5$（元）

3. 答：

第一步，从表中找出最高点的成本在 5 月，最低点的成本在 3 月。

第二步，计算单位动态物流成本：

$$b = (y_1 - y_2)/(x_1 - x_2) = (230 - 200)/(10 - 5) = 6（元/时）$$

第三步，确定静态物流成本，即将 b 代入最高点或最低点：

$$a = y_1 - bx_1 = 230 - 6 \times 10 = 170（元）$$

或

$$a = y_2 - bx_2 = 200 - 6 \times 5 = 170（元）$$

第四步，建立成本性态模型 $y = a + bx$，将 a、b 值代入模型中，则 $y = 170 + 6x$。

六、案例分析题

案例一答案要点：

（1）纵向比较分析。甲公司 2024 年度的销售物流成本比 2023 年度增长了 2 万元，主要增长点在物流信息成本和物流管理成本这两部分，增长幅度各为 3 万元。在销售环节上，物流的运输成本和装卸搬运成本降幅较大，分别为 2 万元和 3 万元，主要是企业在产品仓储和摆放时做了一些改进,使销售过程中的运输费用和搬运费用节省了不少。从各成本所占的比例可以看出,运输成本在销售物流成本中的占比也由原来的 48.89% 下降到 42.55%,装卸搬运成本降幅更大,由原来的 22.22% 下降到 14.89%。物流信息成本和物流管理成本增幅较大,说明甲公司现在开始重视物流信息和物流管理方面的工作,加大了投入力度。

(2)横向比较分析。2024 年甲公司和乙公司在总体上花费的费用相差不大,乙公司的销售物流总成本比甲公司高 2 万元。但通过各项具体成本比较来看,乙公司没有流通加工费用,这是乙公司比甲公司优越的地方,也是甲公司应该注意改进的地方。使流通加工成本降低甚至消失是甲公司应该改进的方向。

案例二答案要点:

从销售物流成本分析,A 公司在 2023 年度的委托成本总计为 10 万元,但若这部分由企业自主经营来完成,估计要花费 10.3 万元,与委托成本相差不大,这也是 A 公司 2024 年度没有委托其他企业帮助完成销售物流环节工作的主要原因。因为节省成本有限,还要不断进行沟通和商讨,所以委托第三方物流工作的价值不大。

从供应物流成本分析,A 公司 2023 年度的自营物流成本和委托物流成本相差 0.6 万元,2024 年度的自营物流成本和委托物流成本相差 0.7 万元;B 公司 2024 年度的自营物流成本和委托物流成本相差 1 万元。在供应物流成本方面,虽然自营物流成本高于委托物流成本,但还是建议选择自营物流。因为自营物流能够使企业全面掌控供应环节的物流活动,确保商业机密的安全,实现原材料和零配件采购、配送及生产支持的战略一体化。通过准时采购、增加批次、减少批量等方式,企业能够更好地调控库存,降低资金占用成本,从而实现零库存、零距离和零营运资本的目标。

项目七 物流成本绩效评价

【同步训练】

一、填空题

1. 前期准备工作阶段;主要工作阶段;后期处理工作   2. 物流成本绩效评价   3. 物流成本利润率   4. 财务;客户;内部运营;创新与学习   5. 微观层次;战略层次

二、单项选择题

1. B   2. C   3. D   4. A   5. A   6. A   7. B   8. A   9. B   10. A

三、多项选择题

1. ABCD   2. ABCD   3. ACD   4. BCD   5. BCD   6. AC   7. ABD   8. ABCDE   9. ABC   10. BCD

四、判断题

1. × 2. × 3. × 4. × 5. × 6. × 7. ✓ 8. × 9. ✓ 10. ✓

五、计算题

1. 答：物流成本率 = 652/1 000×100% = 65.2%

   单位物流成本率 = 652/812×100% ≈ 80.3%

2. 答：物流职能成本率 = 75/900×100% ≈ 8.3%

   物流成本利润率 = 385/900×100% ≈ 42.8%

3. 答：平均库存量 = (4 850+5 050)/2 = 4 950（件）

   库存周转率 = 3 956/4 950×100% ≈ 79.9%

六、案例分析题

案例一答案要点：

1. 运用战略管理的思想，加强物流成本管理，可以把战略目标作为导向，在全面成本管理思想的指导下，对物流活动过程中运输、装卸、搬运、包装、储存、配送、流通加工、信息处理等各个功能要素进行合理协调，使物流总成本降至最低。在物流活动的每个具体环节都可根据该环节的物流特点与成本动因，选择适当的战略成本管理方法，如价值链管理、供应链管理、作业成本管理、产品生命周期法等。

2. 启示：（1）进行全面的供应链成本管理；（2）建立灵活高效的自办物流配送系统；（3）有效控制营销成本和管理成本；（4）运用最先进的信息技术。

案例二答案要点：

1. 标杆法是指通过对先进的组织或物流企业进行对比分析，了解竞争对手的长处和具体的行事方式，在此基础上对比自己的行事方式，制定出有效的应对策略来改进自己的产品、服务及系统的一种方式或活动。

2. 启示：运用标杆法不能单纯进行模仿，企业是一个系统，单纯进行模仿可能会导致失败。创新是一种创造性的借鉴，其核心在于适应本企业的实际情况。

项目八　运输成本管理

【同步训练】

一、填空题

1. 运输距离　2. 空驶；迂回运输；重复运输　3. 运输方式　4. 人工费用；材料费用；维护费用；一般经费　5. 航次时间

二、单项选择题

1. D 2. C 3. C 4. D 5. A 6. B 7. B 8. C 9. D 10. A

三、多项选择题

1. ABCD 2. ABC 3. AC 4. ABC 5. AC 6. ABD 7. BCD 8. BCD 9. ABCD 10. ABD

四、判断题

1. √ 2. × 3. × 4. × 5. × 6. × 7. √ 8. √ 9. √ 10. ×

五、计算题

1. 答：单位工作量折旧额 = 280 000×(1−5%)/600 000 ≈ 0.443（元/公里）

   该运输车辆本月折旧额 = 4 000×0.443 = 1 772（元）

2. 答：工资及福利费 = 36 000×(1+14%) = 41 040（元）

   燃料费 = 23 600×8 = 188 800（元）

   修理费 = 300×10+1 600+8 100 = 12 700（元）

   事故费 = 600+1 400−1 100 = 900（元）

   保险费 = 36 200/12 ≈ 3 017（元）

   运输成本 = 41 040+188 800+12 700+900+3 017+3 000 = 249 457（元）

3. 答：燃料费 = 1 200×6 = 7 200（元）

   轮胎费 = (360−100)/64 000×2 000×6 ≈ 49（元）

   人工费 = 4 500×(1+14%) = 5 130（元）

   修理费 = 390 元

   折旧费 = $\dfrac{300\,000\times(1-4\%)}{6\times 12}$ = 4 000 元

   运输管理费 = 24 000×2% = 480（元）

   运输成本 = 7 200+49+5 130+390+4 000+480 = 17 249（元）

六、案例分析题

答案要点：

1. （1）实行运输"一箱制"、服务"一单制"，多式联运助力降本增效。（2）完善运输网络，优化结构，使物流成本水平稳步下降。（3）打通堵点、创新模式、优化环境，持续挖掘物流降本空间。

2. 启示：有效降低运输成本，调整运输结构，对于构建高效顺畅的流通体系、畅通国民经济循环、更好支撑现代化产业体系具有重要意义。

项目九　仓储成本管理

【同步训练】

一、填空题

1. 仓储成本　2. 在途存货成本　3. 仓储结构失衡　4. 仓储成本的形成

5. 仓储成本分析

二、单项选择题

1. B　2. D　3. D　4. C　5. A　6. A　7. D　8. C　9. A　10. C

三、多项选择题

1. ABCD　2. ABCD　3. ABCDE　4. ABCDE　5. ABCD　6. ABCD　7. ACD

8. ABCD　9. ABCE　10. AD

四、判断题

1. ×　2. √　3. ×　4. ×　5. √　6. ×　7. √　8. ×　9. √　10. √

五、计算题

1. 答：延期交货损失＝50×75%＝37.5（元）

　　　失销损失＝60×15%＝9（元）

　　　失去客户损失＝120×10%＝12（元）

　　　总的缺货损失＝37.5＋9＋12＝58.5（元）

2. 答：平均库存水平＝(35 000＋45 000)/2＝40 000（元）

　　　库存周转次数＝5 000 000/40 000＝125（次）

　　　周转天数＝365/125≈2.92（天）

3. 答：年库存总成本＝库存持有成本＋订货成本＋运输成本

（1）计算订360件时的成本：

　　单位库存持有成本＝100×25%＝25（元/件）

　　年库存持有成本＝360/2×25＝4 500（元）

　　年订货成本＝4 200/360×180≈2 100（元）

　　年运输成本＝360×3＝1 080（元）

　　年库存总成本＝4 500＋2 100＋1 080＝7 680（元）

（2）计算订520件时的成本：

　　年库存持有成本＝520/2×25＝6 500（元）

　　年订货成本＝4 200/520×180≈1 453.85（元）

　　年库存总成本＝6 500＋1 453.85＋1 040＝8 993.85（元）

每次订360件的年库存总成本是7 680元，每次订520件的年库存总成本是

8 993.85 元。

六、案例分析题

第一步，给定 ABC 分类标准，如下：

A 类：品项百分数为 5%—15%，资金占用额累计百分数为 60%—80%；

B 类：品项百分数为 20%—30%，资金占用额累计百分数为 20%—30%；

C 类：品项百分数为 60%—80%，资金占用额累计百分数为 5%—15%。

第二步，根据给定的数据，按照商品库存总金额从大到小的顺序排列，计算结果如表 0-9-1 所示。

表 0-9-1　商品分类表

货品条码	商品名称	单价/(元/件)	库存量/件	品目数累计	品目数累计百分比	库存总金额/元	库存总金额累计数/元	库存总金额累计百分比	分类结果
20200Y00009	《古代汉语词典》	40.00	66	1	5.26%	2 640.00	2 640.00	14.60%	
20200S00012	《新华成语词典》	50.70	40	2	10.53%	2 028.00	4 668.00	25.81%	
20200S00003	《英汉汉英词典》	34.30	56	3	15.79%	1 920.80	6 588.80	36.43%	A
20200S00007	《英汉大词典》	39.00	47	4	21.05%	1 833.00	8 421.80	46.57%	
20200S00006	百岁山矿泉水（5 升）	24.84	66	5	26.32%	1 639.44	10 061.24	55.63%	
20200S00011	依云矿泉水（2.5 升）	91.37	17	6	31.58%	1 553.29	11 614.53	64.22%	
20200Y00016	依云矿泉水（1.25 升）	73.04	17	7	36.84%	1 241.68	12 856.21	71.09%	
20200S00013	《中华成语词典》	19.80	59	8	42.11%	1 168.20	14 024.41	77.55%	B
20200S00004	维他柠檬茶（2.5 升）	33.69	25	9	47.37%	842.25	14 866.66	82.20%	
20200Y00002	《成语大词典》	19.80	42	10	52.63%	831.60	15 698.26	86.80%	
20200Y00019	《英汉双解词典》	33.60	21	11	57.89%	705.60	16 403.86	90.70%	
20200Y00005	《成语大词典（彩色本）》	64.80	9	12	63.16%	583.20	16 987.06	93.93%	
20200Y00018	《新华字典》	39.80	9	13	68.42%	358.20	17 345.26	95.91%	
20200Y00010	恒大冰泉矿泉水（2.5 升）	34.19	8	14	73.68%	273.52	17 618.78	97.42%	C
20200S00017	依云矿泉水（5 升）	135.81	2	15	78.95%	271.62	17 890.40	98.92%	
20200S00008	维他柠檬茶（250 毫升）	2.50	35	16	84.21%	87.50	17 977.90	99.41%	
20200Y00001	依能蓝莓黑水果味饮料（500 毫升）	2.30	25	17	89.47%	57.50	18 035.40	99.73%	
20200Y00015	维他灌装柠檬茶（310 毫升）	3.30	12	18	94.74%	39.60	18 075.00	99.94%	
20200Y00014	农夫山泉茶派柠檬红茶（500 毫升）	5.00	2	19	100.00%	10.00	18 085.00	100.00%	

第三步，根据 ABC 分类结果给出相应的对策：

A 类物品：需要对它们进行定时盘点，详细记录及经常检查分析货物使用、存量增减和品质维持等信息，加强进货、发货、运送管理，在满足配送中心内部需要和顾客需要的前提下,维持尽可能低的经常库存,加强与供应商的合作,既要控制好库存,又要防止缺货。

B类物品:数量和价值介于A类和C类之间,通常不需要像对A类物品那样频繁地检查,但也需要给予一定的关注,以确保其满足基本的管理要求。

C类物品:它们是数量最多但价值最低的物品,通常采用较为宽松的管理策略,如大批量订货和较低的检查频率。

项目十 包装成本管理

【同步训练】

一、填空题

1. 构成包装物实体的材料;生产中必要的损耗;不可避免的废品损失所耗用的材料   2. 标准工时;标准工资率   3. 包装材料费用;包装机械费用;包装技术费用   4. 维修费;折旧费   5. 设计人员的工资;设计过程中领用的材料或产品;各种现金支出

二、单项选择题

1. B   2. B   3. D   4. A   5. D   6. B   7. B   8. C   9. D   10. C

三、多项选择题

1. ACD   2. BCD   3. CD   4. AC   5. BCD   6. ACDE   7. ABE   8. ABC   9. ACE   10. ABCE

四、判断题

1. √   2. √   3. √   4. √   5. ×   6. √   7. √   8. ×   9. ×   10. √

五、计算题

1. 答:货位总面积=(入库总件数/允许堆码层数)×单件货物底面积
            =(2 500/5)×(0.4×0.5)= 100(平方米)

2. 答:用先进先出法和月末一次加权平均法计算出的A材料明细账分别如表0-10-1、表0-10-2所示。

表0-10-1 A材料明细账(先进先出法)

2024年		凭证编号	摘要	收入			发出			结存		
月	日			数量/件	单价/(元/件)	金额/元	数量/件	单价/(元/件)	金额/元	数量/件	单价/(元/件)	金额/元
1		略	期初余额	—	—	—	—	—	—	500	10.00	5 000.00
	5						400	10.00	4 000.00	100	10.00	1 000.00

续表

2024年		凭证编号	摘要	收入			发出			结存		
月	日			数量/件	单价/(元/件)	金额/元	数量/件	单价/(元/件)	金额/元	数量/件	单价/(元/件)	金额/元
										100	10.00	1 000.00
	9			200	11.00	2 200.00				200	11.00	2 200.00
	13						100	10.00	1 000.00	200	11.00	2 200.00
							100	11.00	1 100.00	100	11.00	1 100.00
										100	11.00	1 100.00
	20			500	12.00	6 000.00				500	12.00	6 000.00
	28						100	11.00	1 100.00	500	12.00	6 000.00
							300	12.00	3 600.00	200	12.00	2 400.00
	31		本月合计									

表 0-10-2　A 材料明细账（月末一次加权平均法）

2024年		凭证编号	摘要	收入			发出			结存		
月	日			数量/件	单价/(元/件)	金额/元	数量/件	单价/(元/件)	金额/元	数量/件	单价/(元/件)	金额/元
1			期初余额							500	10.00	5 000.00
	5						400			100		
	9			200	11.00	2 200.00				300		
	13						200			100		
	20			500	12.00	6 000.00				600		
	28						400			200		
	31		本月合计	700		8 200.00	1 000	11.00	11 000.00	200	11.00	2 200.00

3. 答：成本差异分析结果如 0-10-3 所示。

表 0-10-3　产品包装成本差异分析汇总表　　　　　　　　单位：元

成本项目	实际成本总额	标准成本总额	成本差异（计算式与结果）		
			合计	用量（能量）差异	价格差异
材料费用	84 504.00	86 670.00	-2 166.00	-1 926.00	0.00
人工费用	5 2000.00	67 410.00	-15 410.00	-210.00	-15 200.00
机械费用	2 280.00	2 889.00	-609.00	-9.00	-600.00
技术费用	—	—	—	—	—
其中：变动费用	7 520.00	9 630.00	-2 110.00	-30.00	-2 080.00
固定费用	13 700.00	17 655.00	-3 955.00	-55.00	-3 900.00
合计	160 004.00	184 254.00	-24 250.00	-2 230.00	-22 020.00

4. 答：包装材料分配率＝930/(710+530)＝0.75（元/张）

　　甲包装材料应分担的费用＝710×0.75＝532.5（元）

　　乙包装材料应分担的费用＝530×0.75＝397.5（元）

　　甲包装材料的实际采购成本＝710×70+532.5＝50 232.5（元）

　　乙包装材料的实际采购成本＝530×85+397.5＝45 447.5（元）

5. 答：A 材料的成本差异＝14 000×6-2 500×6×5＝9 000（元）（不利差异）

　其中，A 材料的用量成本差异＝(14 000-2 500×6)×5＝-5 000（元）（有利差异）

　　　　A 材料的价格成本差异＝14 000×(6-5)＝14 000（元）（不利差异）

　验证：A 材料的用量成本差异+A 材料的价格成本差异＝14 000-5 000＝9 000（元）

　　由于实际用量低于标准用量，A 材料的成本节支 5 000 元；由于 A 材料的实际价格高于标准价格，A 材料的成本超支 14 000 元；两项相抵，共超支 9 000 元。

6. 答：甲产品的包装机械费用标准成本如表 0-10-4 所示。

表 0-10-4　甲产品包装机械费用标准成本计算表

	预算项目	数量
机械费用标准 分配率的计算	月折旧费/元	16 000
	月维修费/元	500
	小计/元	16 500
	每月标准工时预算总量/时	3 000
	机械费用标准分配率/（元/时）	5.5
甲产品包装人工标准工时/（时/件）		4
甲产品包装机械费用标准成本/（元/件）		22

7. 答：甲产品的包装技术费用标准成本如表 0-10-5 所示。

表 0-10-5　甲产品包装技术费用标准成本计算表

	月度预算项目	数量
甲产品包装技术变动 费用成本标准的计算	内包装材料费/元	6 000
	其他费用/元	600
	小计/元	6 600
	标准工时预算总量/时	3 300
	包装技术变动费用标准分配率/（元/时）	2
	甲产品包装人工标准工时/（时/件）	1.5
	甲产品包装技术变动费用成本标准/（元/件）	3

续表

月度预算项目		数量
甲产品包装技术固定费用成本标准的计算	设计人员工资/元	10 000
	设计耗材费/元	3 000
	其他设计费用/元	200
	小计/元	13 200
	标准工时预算总量/时	3 300
	包装技术固定费用标准分配率/（元/时）	4
	甲产品包装人工标准工时/（时/件）	1.5
	甲产品包装技术固定费用成本标准/（元/件）	6
甲产品包装技术费用成本标准/（元/件）		9

六、案例分析题

答案要点：

1. （1）A 代表的企业在设计中注重包装的通用性，尽量减少包装材料的种类，进而实现包装材料的大批量采购，这样价格会低很多。（2）B 代表的企业通过发展包装机械化来降低包装费用、提高效率，因为传统包装工作的人工费用较高。（3）C 代表的企业通过合理选择包装材料来降低包装费用，因为不同的包装材料成本相差很大。

2. （1）合理选择包装材料；（2）发展包装机械化；（3）实现包装标准化；（4）进行包装物的回收和旧包装的再利用。

3. 华龙包装公司并非一味追求利润，而是在控制成本的同时，关注客户的需求，以客户为中心，重视包装的实用功能；在设计包装时，考虑包装回收使用或供应商回收利用包装的可能性，关注绿色包装。

项目十一　装卸搬运成本管理

【同步训练】

一、填空题

1. 标准箱　2. 装卸搬运直接费用；营运间接费用　3. 装卸搬运数量；装卸搬运该种货物的单价　4. 领料凭证　5. 使用年限；原值；固定资产净残值率；计提折旧的起止时间

二、单项选择题

1. A　2. D　3. C　4. B　5. A　6. A　7. B　8. B　9. B　10. C

三、多项选择题

1. ABCDE 2. ABC 3. ABCDE 4. ABCDE 5. ABCDE 6. AD 7. ABCD 8. BCD
9. BCD 10. CD

四、判断题

1. √ 2. × 3. × 4. × 5. √ 6. √ 7. √ 8. × 9. √ 10. √

五、计算题

1. 答：完成定额工时数＝700×0.25+500×0.45＝400（时）

   计件工资＝400×6＝2 400（元）

2. 答：各年折旧额如表 0-11-1 所示。

表 0-11-1 各年折旧额

年限	剩余年数	年数总和	年折旧率/%	年折旧额/元	累计折旧额/元
1	7	28	25.00	43 500.00	43 500.00
2	6	28	21.43	37 288.20	80 788.20
3	5	28	17.86	31 076.40	111 864.60
4	4	28	14.29	24 864.60	136 729.20
5	3	28	10.71	18 635.40	155 364.60
6	2	28	7.14	12 423.60	167 788.20
7	1	28	3.57	6 211.80	174 000.00

3. 答：年折旧率＝(1-4%)/6≈16%

   月折旧额＝40 000×(16%/12)≈533（元）

4. 答：单位工作量折旧额＝292 600×(1-3%)/27 200≈10.4（元/时）

   本月折旧额＝330×10.4＝3 432（元）

5. 答：固定费用标准分配率＝8 000/4 000＝2（元/时）

   耗费差异＝9 200-(2×650)＝7 900（元）

   能量差异＝2×(700×5-650)＝5 700（元）

6. 答：

(1) 双倍余额递减法：

   折旧率＝2/5×100%＝40%

   预计净残值＝500 000×3%＝15 000（元）

   第 1 年折旧额＝500 000×40%＝200 000（元）

   第 2 年折旧额＝(500 000-200 000)×40%＝120 000（元）

   第 3 年折旧额＝(500 000-200 000-120 000)×40%＝72 000（元）

   第 4、5 年折旧额＝(500 000-200 000-120 000-72 000-15 000)/2＝46 500（元）

（2）年数总和法：

年数总和 = 1+2+3+4+5 = 15（年）

预计净残值 = 500 000×3% = 15 000（元）

第 1 年折旧额 =（500 000−15 000）×5/15 ≈ 161 667（元）

第 2 年折旧额 =（500 000−15 000）×4/15 ≈ 129 333（元）

第 3 年折旧额 =（500 000−15 000）×3/15 ≈ 97 000（元）

第 4 年折旧额 =（500 000−15 000）×2/15 ≈ 64 667（元）

第 5 年折旧额 =（500 000−15 000）×1/15 ≈ 32 333（元）

六、案例分析题

答案要点：

1.（1）工作效率低下。员工懒散，缺少配合，工作效率低下。无论是装车还是卸车，企业都没有明确的分工，使得工人在装卸搬运的过程中缺乏责任感，降低了装卸搬运效率。

（2）装卸搬运活性差。托盘数量不足，许多货物被放置于地面，导致货物装卸活性差，影响装卸时效，同时影响公司形象。此外，货物无序地被散放于地上，比被整齐有序地放置在托盘上更容易损坏，增加了装卸搬运的管理费用。

（3）货物安全保障不足。在车上码货的工人的工作强度最大，车内温度高于车外，他们容易产生烦躁情绪，遇到重货时经常进行野蛮装卸。另外，车下的人扛起车上货物时，往往会因错误估计货物的质量而没有做好准备，导致货物从车厢摔到地面，造成货物损坏。高货损在无形中增加了该企业的物流成本。

2.（1）卸车流程优化。在现行的卸车流程中，有些步骤是串行的，而且车上的搬运工连续操作的步骤过多，造成其他员工因等待其工作完成而延误了自己的工作。因此，可以考虑将原来的部分串行流程改为并行，尽量避免各工作环节间人员相互等待的情况。关键改进点是将车上的搬运工由一名增至两名，这样既可以极大地降低车上搬运工的工作强度，又能减少连续操作造成的车下员工等待时间，从而缩短流程整体时间。

（2）装车流程优化。装车一般是两个人装一个车，一个人在车上进行搬货和码货，另一个人在车下将货拉到车门下并搬上车厢。遇到重货时由叉车司机叉上车厢。因此，会出现以下问题：第一，装车效率不够高，会出现两个搬运工相互等待对方完成操作再进行自己的操作的情况。第二，托盘数目太少，很多货物从客户车上卸下后就直接被散放在地上，装卸活性指数低。由于装车只有两个人，应尽量集中人力，更好、更快地完成工作。在从拣选货物到将货物拉至车下的工作中，由两个搬运工同时进行搬运，先将货物集中排列在靠近车门的地方，然后再分工，一人负责车上，一人负责车下，下面的人往车上传送货物时，车上的人负责在车厢内码放货物。这一批货物装完再装下一批，避免两人相互等待。

3. 做好装卸搬运工作的意义在于加快车船周转速度，提高港、站、库的利用效率，加快货物送达，减少流动资金占用、货物破损，避免各种事故的发生。总之，改善装卸搬运作业，能显著提高物流经济效益和社会效益。这里的社会效益，也指整个物流系统的经济效益的大幅提升。

项目十二　配送成本管理

【同步训练】

一、填空题

1. 备货；配货；配装；送货　2. 配送运输生产　3. 配送运输成本；分拣成本；配装成本；流通加工成本　4. 总成本；单位成本　5. 生产延迟（或称形成延迟）；物流延迟（或称时间延迟）

二、单项选择题

1. A　2. B　3. A　4. A　5. D　6. D　7. A　8. D　9. C　10. C

三、多项选择题

1. ABCDE　2. AB　3. ABCDE　4. ABC　5. ABE　6. BC　7. ABCDE　8. ABCDE　9. ABCD　10. BCDE

四、判断题

1. ×　2. ×　3. √　4. ×　5. √　6. √　7. ×　8. √　9. ×　10. √

五、计算题

1. 答：甲物流公司配送成本如表 0-12-1 所示。

表 0-12-1　甲物流公司配送成本

项目	配送车辆 7 辆合计金额/元
车辆费用	165 025
工资及福利费	61 560
燃料费	165 200
轮胎费	1 200
修理费	500
折旧费	1 550
行车事故损失	900
保险费	2 700
其他	515
营运间接费用	3 000
配送运输总成本	402 150

工资及福利费 = 54 000×(1+14%) = 61 560（元）

燃料费 = 23 600×7 = 165 200（元）

修理费 = 500（元）

行车事故损失 = 700+1 200−1 000 = 900（元）

保险费 = 32 400/12 = 2 700（元）

2. 答：

（1）按行驶里程计提修理费：

该营运车每月大修理费实际提取额 =（2×24 300×3 800）/54 000 ≈ 342（元）

（2）按使用年限计提折旧额：

该车型营运车每月大修理费提取额 = 48 600/(6×12) = 675（元）

3. 答：

地点评价计算结果如表 0-12-2 所示：

表 0-12-2　地点评价计算结果

考虑因素	权重系数	P_1 评价	P_2 评价	P_1 加权	P_2 加权
劳动成本	0.25	70	60	17.5	15.0
运输费用	0.20	50	60	10.0	12.0
教育健康	0.10	85	80	8.5	8.0
税收结构	0.35	75	70	26.3	24.5
资源和生产率	0.10	60	70	6.0	7.0
合计	1.00	340	340	68.3	66.5

P_1 加权大于 P_2 加权，所以选择 P_1。

六、案例分析题

答案要点：

1.（1）加强配送的计划性；（2）确定合理的配送路线；（3）进行合理的车辆配载；（4）建立计算机管理系统；（5）制定配送成本标准；（6）监督配送成本的形成；（7）及时纠正偏差。

2. 实施差异化策略，建设中小型生鲜农产品配送前置仓。"前置仓"作为一种近年来新兴的配送模式，具有配送成本极低、配送效率高且形态多样的优点。可以将前置仓设立在"中心仓"辐射效果差的地区，如距离较远、配送需求量大的地区。在满足客户的配送需求和保证生鲜农产品配送时间的前提下，考量如何降低配送成本体现了经济性原则。此外，前置仓距离客户较近，仓库面积往往不需要很大，这样租金比较低，可以满足某个区域的生鲜农产品的配送需求，大幅节省生鲜农产品配送成本。

3. 由于步步高超市门店对配送及时性有着严格的要求，因此有必要为生鲜农产品配送人员系统规划配送路径。如果仅仅依靠生鲜农产品配送人员的固有经验来规划配送路径，很容易出错，导致配送效率低下，甚至产生不必要的物流配送成本。而且，步步高超市门店分布在不同地区，不同类型的产品对配送及时性的要求不同，应该注重配送路径的优化，从而降低配送成本和货物损失成本，更有效地满足顾客对时效窗口的要求。整合时间窗理论，合理规划配送路径，既可以提高运输效率，又可以在保证生鲜农产品的新鲜度和质量的情况下，降低配送成本和配送途中的损失。